儿童育养热点问题解答

主　编　孟庆轩

副主编　王亚芹　陈国

编　著　郭勤英　杜　健　刘　娟
　　　　董晓瑜　陈　靖　赵晓军
　　　　晓　炜　张　夏　虹　云

金盾出版社

内容提要

这是一本专门为广大家长编写的大众科普读物。书中针对当今社会广大儿童在成长发育过程中最为常见并令家长最为困惑不安的一些热点问题，就问题的成因、危害及应对办法，作了深入浅出的科学解答，以指导帮助家长采用正确的育养方法使孩子健康成长。本书科学实用，通俗易懂，是广大家长的良师益友。

图书在版编目(CIP)数据

儿童育养热点问题解答/孟庆轩主编. -- 北京 : 金盾出版社,2012.1
ISBN 978-7-5082-7323-5

Ⅰ.①儿… Ⅱ.①孟… Ⅲ.①儿童教育:家庭教育—问题解答 Ⅳ.①G78-44

中国版本图书馆 CIP 数据核字(2011)第 245351 号

金盾出版社出版、总发行
北京太平路 5 号(地铁万寿路站往南)
邮政编码:100036 电话:68214039 83219215
传真:68276683 网址:www.jdcbs.cn
封面印刷:北京凌奇印刷有限责任公司
正文印刷:双峰印刷装订有限公司
装订:双峰印刷装订有限公司
各地新华书店经销
开本:850×1168 1/32 印张:8 字数:144 千字
2012 年 1 月第 1 版第 1 次印刷
印数:1～8 000 册 定价:18.00 元

前 言

盼孩子正常发育、健康成长，望孩子将来成为一名身体健美、聪明伶俐的社会有用之才，是普天下所有父母的共同心愿，更是当今中国亿万独生子女家长的最大期盼。

改革开放三十多年来，随着科学技术的不断进步和国民经济的快速发展，以及国家人事制度和人们思想观念的逐步改变，整个社会及各行各业对人才的标准与要求越来越高，越来越严。因此，怎样才能把孩子培养成一名既品学兼优又身体健康的高素质人才，将来在激烈的社会竞争中能够立于不败之地而不被淘汰，便成了摆在当今广大家长面前的一个十分重要而现实的课题。

但是，在现实生活中，许多事情往往不能如愿以偿，孩子的成长发育过程更是如此，存在不少令家长困惑不安的问题。例如，孩子尤其是男孩，如果长不高，个头过矮，就可能被人讥笑为“残废”，将来到社会上不但寻求职位不易，甚至连找个异性朋友都很困难，这就使得家长们不得不为自己的孩子能不能长高些而担忧；又如，如今生活水平提高了，孩子们的营养充足了，但是，随之而来的却出现了性早熟、肥胖症，怎么防患于未然，一旦出现这种情况又如何正确解决，这不能不让不少家长为此而头痛；还有，儿童多动症、遗尿症问题，也往往使家长们措手不及、束手无策。如此等等，不一而足。

上述这些问题，的确都是当今中国令许多家长既烦恼又无奈的现实问题。可是，如何解决这些问题呢？可以说，目前还没有现成的答案和灵丹妙药。本书就是专门针对这些热点问题，约请一些多年从事医疗和儿童教育的专家学者，进行探讨和研究的。专家学者们围绕这些问题，根据国内外最新的科研成果，并紧密结合自己多年来的临床实践，进行了较为系统、较为全面的研究和探讨，从而为家长们提供了一本既有一定理论依据，又有较强的可操作性，通俗易懂的参考读物。相信家长们只要认真阅读此书，定将使您遇到这些热点问题时不再会束手无策，从而使您的孩子尽快摆脱成长中出现的这样或那样的障碍而健康成长起来。如果本书能为您在培养教育子女方面排忧解难，助一臂之力，便是编者最大的欣慰。

望世上儿童个个成龙成凤，愿天下父母家家如愿以偿。

编　者

目　录

关于儿童身高

关于儿童性早熟

目　录

关于儿童肥胖症

关于儿童多动症

目　录

关于儿童遗尿症

关于儿童身高

☆如何预知孩子的成年身高

男孩:把母亲的身高加上 12 厘米,父亲的身高保持不变,例如,一个男孩的妈妈身高 160 厘米,父亲身高 188 厘米,那么他将来的身高比较可能在 172 厘米到 188 厘米之间。

女孩:从父亲的身高中减去 12 厘米,母亲的身高不变。还用上面的例子,假如是个女孩,她的身高很可能在 160 厘米到 176 厘米之间。

到 3 岁时,通常情况下,你的孩子的身高应该已经达到他成年后最终身高的一半了。

☆孩子是怎样长高的

人体从出生时 50 厘米左右生长到 180 厘米,其实是一个细胞不断分裂增殖和营养物质代谢的过程。

人体长高,是骨骼长长的结果。骨细胞由一变二,二变四,四变八,不停地分裂生长,从而带来骨骼的生长。这一过程,医学上称为细胞增殖。人体生长的速度取决于细胞增殖的速度。我们都知道,人体生长在不同时期速度是不同的。孩子 5 岁前生长速度最快,每年能长 20 厘米,到 5 岁时则稳定在每年 6 厘米左右。进入青春期则又加快到每年 10 厘米,其后增加就基本停止。这又是为什么呢？科学家发现，细胞增殖的速度与生长介素密切相关。脑垂体分泌的生长介素越多，细胞增殖速度越快。人体在不同时期分泌的生长介素不同，生长速度不同也就不足为奇了。

☆矮小孩子的六种类型

1. 生长迟缓型

表现为个子一直长得比较慢，也无明显的青春期突增（蹿个子）现象，其原因多为骨骼营养匮乏。

2. 骨骼偏大型

有明显的青春期突增，骨龄检测骺软骨没有完全闭合，但是骨龄大于实际年龄，长高年限显著缩短，多由早熟所致。

3. 发育后停长型

在青春期突增后生长极度缓慢，身高增长≤2 厘米/年，多由于骨细胞的代谢显著减慢、缺乏活力所致。

4. 营养过剩型

即“矮而胖”体型。常由于蛋白质摄入过多，体内三大营养物质混乱、骨骼营养吸收障碍所致。

5. 晚长型

父母一方或双方都很高，孩子比同龄的矮小，家长认为孩子是晚长，需检测骨龄，才能做出定论。

6. 遗传型

父母较矮，现代医学证明，只要及早抓住后天生长时节，科学补充骨骼营养，后天帮助可决定 10～20 厘米差距。

☆影响孩子身高的十大因素

影响孩子身高的因素有哪些呢？

1. 核心营养缺乏影响孩子身高

如果说，中国的孩子比日本的孩子个子长得矮，大概人们不会相信，然而，研究人员的统计资料表明，我国7岁男女儿童的平均身高分别比日本同龄儿童矮0.6厘米和0.5厘米，15～18岁男女青少年分别平均比日本同龄者矮1.4厘米和0.6厘米。

是什么原因造成这种差异呢？决定身高的因素中遗传基因只占三分之一，后天的环境条件占三分之二。而在后天的条件中，赖氨酸、锌、钙等核心营养又是最关键的。据1998年国家体育总局（原国家体委）的《中国成年人体质监测报告》，我国40岁以上男子比日本同龄男子的身高平均高1.2厘米，39岁以下的男子则低于日本同龄男子0.68厘米，中国人40岁以上的身高优势已成过去式。全国第四次营养调查结果显示，中国孩子的赖氨酸、锌、钙等核心营养摄取严重不足。

2004年，国家卫生部公布的营养学调查结果显示，国人平均每日从食物中得到的钙只有每日需要量的41%，还缺59%，儿童更低于这个数字。国内较大数量儿童缺锌调查报告显示：1岁内婴儿缺锌率高达93.90%，1～2岁为86.70%，2～4岁为72.90%，4～7岁为34.60%。赖氨酸是第一缺乏性氨基酸，人体共有22种氨基酸，其中8种氨基酸人体不能合成，只能从食物中获得，成为缺乏性氨基酸，而在这8种缺乏性氨基酸中，赖氨酸在食物中又是含量最少的，所以是第一缺乏性氨基酸。给孩子补充核心营养，迫在眉睫！

2. 核心营养参与孩子生长

赖氨酸是生长介素分泌很有效的促进剂。

国内外大量实验证明，人体补充足够的赖氨酸可以刺激脑垂体增加生长介素的分泌。这些研究还测定了骨生长相关的生物分子指标，如ALP（骨碱性磷酸酶）、IGF-1（胰岛素样生长因子）、

TGF-b(转移生长因子)、OC(骨钙素)、NO(nitricoxide 氧化一氮)等，这些由骨细胞制造分泌的活性因子在赖氨酸的作用下都明显增加。说明赖氨酸有激活骨细胞增生和刺激其功能活性的作用。

3. 锌直接参与 DNA 复制

锌参与 DNA 复制的研究显示，在缺锌的情况下，单位时间内 DNA 的复制速率显著减慢，DNA 合成量也明显减少，从而使细胞的分裂速度减慢或停滞。锌的这一细胞分子机制的阐明最终揭示了为什么锌缺乏会导致生长发育停顿的秘密。

人体内有钙约 1300 克，这些钙中的 99%存在于骨骼和牙齿内。所以，钙不但是骨骼牙齿的主要功能成分，也是人体内钙的储藏库。骨骼能够坚硬挺拔，不能离开钙的生物矿化作用。可以想象，缺钙的骨骼变软变形，孩子生长就无从谈起了。

4. 父母的工作性质和生育年龄等因素影响孩子身高

研究指出，人的高矮由多方面因素决定。例如家庭中孩子的数量，以及孩子出生的先后顺序都会影响到孩子的身高。

父母的教育水平和从事的工作也影响孩子的身高，例如从事强脑力劳动的父母生育的孩子，一般平均身高高于体力劳动者的后代。

城市化进程也间接影响到孩子的身高，例如城市中的孩子成熟期早，且体格上优于农村的孩子，营养环境改善是其中一个重要因素。

此外，父母生育孩子时的年龄也会影响孩子的身高。女性的最佳生育年龄为 25～29 岁，男性的最佳生育年龄为 25～35 岁，应避免过早或过晚生育。

5. 熬夜会影响孩子的身高

医学研究表明，80%的生长激素是在睡眠中产生的。近几年来，大量的调查研究已经证实：个子矮的少儿所分泌的生长素数量远较正常儿少，而且相当一部分的孩子是由于夜间睡眠不足所致。由于孩子从儿童时期到青春前期，在睡眠时分泌旺盛，晚上9时至次日上午9时所分泌的生长素数量是白天12个小时的3倍，特别是在晚上9时入睡后的70分钟，可出现一个分泌高峰。有鉴于此，少儿不要熬夜。

6. 孩子缺乏母爱影响身高

一些专家研究发现，情绪障碍同样也能影响身高。

如果一个孩子从小生长在缺乏家庭温暖的环境中，得不到充分的母爱，那么他的身高常比同年龄儿童矮小，国外称这类矮小者为情感遮断性身材过矮症，也有的资料称之为"爱情遮断综合征"。

情感遮断性身材过矮症的发生原因，主要是下丘脑、垂体系统机能受情绪抑制，进而引起垂体的生长激素分泌减少。这样的孩子除身高较矮外，尚有智力发育较迟、多饮、多食、独语、多动、人际关系不协调等异常行为。

情感遮断性的小儿一般睡眠不踏实，缺乏安全感，有时在梦中喊醒、哭醒等，这些情况会影响到睡眠质量。而儿童的生长激素——荷尔蒙只有在深睡期和熟睡期才分泌旺盛，因此说，睡眠不安、易惊醒的孩子，这种生长激素的分泌就有可能受到很大的抑制，这也是孩子长不高的重要原因之一。

7. 孩子早熟影响身高

孩子性早熟，父母应早发现，及早带孩子到正规医院的专科治疗。青少年生长发育中心的专家称，生活水平日益提高，城市儿童发育年龄不断提早，如果骨龄太超前，会影响孩子最终身高。据统计，医院青少年生长发育中心门诊中性早熟病人占了大半。

8. 遗传具有影响身高的绝对权利

虽然人类至今还不能明白遗传的秘密，但在身高这一点上，遗传具有"绝对权利"。孩子的家族遗传史是影响他成年身高要素中的第一位。看一看父母的身高、体型,评估一下孩子的生长发育状况,大概就能够知道他成年后的身高了。

9. 饮食营养影响身高

关键两个要素:健康和全面。

营养的重要性毋庸置疑,如果孩子成长过程中得不到全面均衡的营养供给,换句话说,如果他的食物摄取不是健康的、全面的,那他就不会得到正常的生长发育。要做到这一点其实很困难,因为父母们不可能像一个营养师那样为孩子制定标准的营养食谱,但需要注意的是,父母在为孩子提供的食物上,至少应该是健康的。

通常暴露出的问题是:父母为了阻止孩子变成"胖墩儿"而限制他的食量(婴儿不管多胖,都不应该采用限制级食谱)。还有,过多的果汁或者碳酸饮料也会干扰孩子的食欲,从而减少他对营养元素的吸收。

10. 生理条件,同时还要当心药物的副作用

有些孩子出生时即伴有某种严重的生理疾病,假如没有得到及时治疗,就会阻碍生长发育。最常见的有:肠胃系统失调,如腹腔疾病;食物过敏;甲状腺问题;激素分泌缺乏;心脏、肾或肝脏疾病;或者某种染色体异常等。另外,还要警惕的一点是某些药物在治疗疾病过程中的副作用,也会阻碍发育,如利他林和其他刺激性药物在治疗 ADHD(多动症)的过程中,已经被发现对发育的影响。所以,如果需要服用某种特殊药物,一定要谨慎选择药方和药量。

☆孩子为何长不高的五大原因

1. 体质性生长迟缓

指的是正常的变异。因为个人体质的关系,病童的青春期延缓发育,骨头的年龄相较于实际年龄为小,但最后的成人身高是正常的。

一般诊断的方法为排除法，所谓的排除法是指经详细检查及评估，排除其他以下两种情况之可能，再加上问家长亲属中是否有青春期延缓发育的家族史，得以诊断。

2. 家族性身材矮小

“龙生龙，凤生凤”。爸妈的身高也会影响儿童身高。影响人类身高，遗传是重要的因子。

父母亲的身高决定子女的身高，当然，那不是绝对的，因为后天的营养状况及个人生长环境因素也会有所影响。但一般来说，家族矮小病童，其最后成人身高也不会太高，此类病童在诊断方面需要追溯其家族史，而且接受规律门诊追踪即可。

3. 心理有问题

心理专家表示：不仅基因、营养、睡眠等因素能影响孩子长高，心理因素也能影响孩子的生长发育。因此，在孩子身体没有疾病，却出现生长发育缓慢的情况下，父母不应盲目地为孩子补充营养或使用一些营养制剂，而应考虑一下是不是孩子的心理出现了问题。

(1)影响生长发育的心理因素

①因夫妻情感不和而产生家庭压抑气氛；

②夫妻吵闹而引起分居或离婚的单亲生活；

③父母失业或下岗而使孩子出现低落的情绪；

④对孩子期望过高而使孩子产生过高压力；

⑤对孩子管教太严而使孩子失去自信；

⑥父母在吃饭时数落孩子产生逆反心理。

(2)心理因素对孩子生长发育的影响，一般通过孩子的身体状况来反映

①家庭的压抑感潜移默化地感染孩子，孩子情绪不稳定；

②孩子食欲缺乏；

③孩子睡眠不佳，忽惊忽醒；

④孩子消化道失调，有时拉稀，有时便秘，产生肠胃紊乱；

⑤抵抗力低下，大病没有，小病不断。

(3)父母如何调整孩子的情绪

①创造良好的家庭环境和轻松愉快的氛围，不要因夫妻的矛盾让孩子感到压抑；

②即使夫妻分居或离异，仍要一如既往地爱自己的孩子，让孩子感到安全、幸福和自信；

③在教育孩子上不要因孩子淘气和不听话，动辄就打骂孩子、惩罚孩子，而要多讲道理，多鼓励；

④父母要针对孩子的实际情况来发展他，不要因过高期望而给孩子加压力；

⑤关注孩子的饮食，注意营养搭配，不要养成偏食习惯，决不能在吃饭时批评孩子或严斥孩子，影响孩子的食欲；

⑥留心孩子的大便，若出现消化道失调，肠胃紊乱，就要及时就医，不要拖延；

⑦若孩子是心理原因造成身体发育的障碍，父母不要盲目给孩子吃助长药，只要心理问题解决了，孩子生长激素分泌率就会恢复正常，到一定年龄段就能迅速增长。

由此可见，儿童的健康是分两方面的，其中任意一方出现问题，都会对孩子产生不良影响，因此，父母在关心孩子生理健康的同时，切不可忽略孩子的心理健康。

4. 性早熟拖垮孩子身高

据复旦大学儿童少年卫生教研室与复旦大学附属儿科医院联合进行的调查显示，目前上海约有3万名性早熟儿童，且有日益增多的趋势，严重影响到孩子身体发育的各方面。

(1)性早熟的孩子为何长不高

就像一辆还没有加满油就抢先冲出起跑线的车，开始可能领先，但不久就会因为动力不足而中途抛锚，最终被别的车赶上一样，早熟的孩子开始可能较同龄人高。一旦进入青春期，别的孩子都按照正常发育进行身高的突增，而早熟的孩子却因骨细胞分裂生殖能力不足，身高增长变得很缓慢了；大量的性激素又促使骺软骨过早闭合，使得生长自动停止。而正常发育的孩子通过未闭合的骺软骨不断增生新的软骨，变成成骨，直到 20 岁左右最终闭合为止，所以早熟的儿童比正常发育的儿童反而少生长了 2～3 年，导致成年后身材较矮小。

(2)导致孩子性早熟的因素是什么

专家普遍认为有以下几点因素：

①环境污染、食物中的催长剂等的影响。

②电影电视、书刊报纸中不少性内容的镜头和文字，使孩子耳濡目染，性开化提前。

③现在的孩子普遍营养充足，促使生长发育的潜力容易充分发挥出来。

(3)你的孩子有性早熟现象吗

女孩在 10 岁以前就出现初潮和乳房开始发育等迹象，男孩在 12 岁前就出现变声、长胡须和体毛，这些青春期出现过早的现象即为儿童性早熟。近年来，儿童性早熟显著上升，导致孩子身高发育受到一定的限制。

5. 病理性的生长缺失

这是真正有病因的情况，而这种情况大部分是因为生长激素的缺乏所造成。

(1)病童大部分年生长率少于 4 厘米；

(2)身高位于正常族群中的 3 个百分比以下。

这类儿童需要特别注意，他们需要规律的追踪检查身高：每两个月用精密身高测量器测量身高一次，持续追踪 6 个月以上以确定是否有上述之情形，因为单是一两次的身高测量以及普通身高测量器的测量是不够准确的。

因此，此类病童一般都会建议他们接受规律的追踪，以及及早诊断而达到提早治疗的效果，因为在上述几种情况中，只有这一种经诊断为生长激素缺乏症的病童可以用生长激素及早治疗，才能达到其正常成人身高。

每个孩童的生长速度都不一样，但每个时期都有每个时期的生长标准，下表则可提供大家作一参考：

年　龄	年生长率(厘米/年)
1～6 月	18～22
6～12 月	14～18
1 岁	11
2 岁	8
3 岁	7
4～9 岁	5～6
青春期女＞11 岁	6～12
青春期男＞12 岁	7～13

所以，如果发现小孩有生长迟缓或者年生长率少于 4 厘米者，则不要过于紧张，可请儿科内分泌或遗传科医师追踪、检查及评估，及早找出问题所在，做到提早诊断、早期治疗即可。适时的诊断及治疗，才不会因错失良机而造成终身的遗憾。

☆别用激素促使孩子长高

每个父母都希望孩子长得高大威武，面对一个身材矮小的孩子，父母焦急的心情是可想而知的。所以有的家长就“病急乱投医”，到处打听帮助孩子长高的方法，听说性激素类药物能使人长高，也跃跃欲试。其实引起小儿身材矮小的原因很多，即使治疗，也应该因“病”而异。

孩子的身高在一定程度上受父母身高的影响，如较矮小的父母所生下的孩子也矮小一些，但5岁以前受遗传的影响较小。这种情况应从增加营养、控制疾病、增强体格锻炼、保证充足的睡眠上来促进身高的增长。再就是体质性青春发育延迟，出生时身高正常，以后生长发育缓慢。由于青春发育延迟，有的要到18岁后，最后身高可达成人正常水平。

有些疾病引起的身材矮小，目前尚无良方。如软骨营养不良引起的身材矮小、染色体病引起的身材矮小等。

内分泌疾病引起的身材矮小可用改善内分泌的药物治疗。如甲状腺功能减退症可用甲状腺素治疗，垂体性侏儒可用生长激素或与生长激素类似的药物进行治疗，但必须在医生指导下使用。

可见，引起身材矮小的病因不同，治疗方法也是完全不同的，至于性激素类药物，切记不要使用。虽然它可刺激蛋白质合成，有促进生长的作用，使用后也的确可见小儿食欲增加，人也长高了，但付出的代价是骨骺提早愈合，把小儿生长的后路也堵了，最终身高反会更矮。

☆警惕孩子“心理性矮小症”

在日常生活中，常可见到一些孩子的身体和他们的年龄相比显得过于矮小，生长发育情况也不正常。出现这种情况，家长和医生总认为是生理或遗传上的原因。其实，医学家们发现，得不到足够的父母之爱往往也是一个极为重要的原因，医学上称之为心理性矮小症。

科学研究表明，所有的温血动物一生下来就有被触摸的要求。如果这种需求被剥夺，就会丧失欲望，导致生长迟缓，智力低下，并会产生不正常的行为方式。心理性矮小症是指孩子缺乏父母的触摸，精神上受到压抑，致使孩子生长发育产生了障碍而出现的矮小症。

孩子缺乏爱抚为什么长不高呢？美国著名的精神病学家霍劳博士指出：孩子长期生活在精神压抑、无人关心或经常挨打受骂、歧视冷漠的家庭环境中，就会导致体内激素的障碍，引起生长发育障碍而个子矮小。有关统计表明，在第二次世界大战中，德国、西班牙、朝鲜、越南等国失去双亲的孤儿，平均身高要比同龄儿童矮几厘米。科学家们为此做过试验，他们将一批受到精神压抑的孩子安置到和睦欢乐的环境中，让他们受到模拟亲人的爱抚和家庭的温暖，3 个月后约有 95％的孩子发育情况很快发生变化，生长停滞现象得以消除，身高得到明显的增长，基本上接近其他同龄儿童身高增长的水平。

现在有一些年轻父母以工作繁忙、生活紧张为借口，把孩子扔给老人看管，以为这样就解放了自己的双手，赢得了宝贵时间，其实这对孩子的成长是不利的。还有一些家庭对孩子的接触方式是打屁股，只要孩子有点错或大人不称心，就打孩子屁股，平时孩子很少得到父母亲昵抚摸。还有不少家庭，父母是常常抚摸和拥抱婴幼儿，但是等到孩子上初中以后，就会压抑和限制这种本能的接触，只有当孩子患病时，才会摸摸其前额。因此，科学家们认为，爱抚的缺乏、精神上的压力和心灵的创伤，都可导致神经、体液、内分泌等功能紊乱，致使生长激素、甲状腺素等有助于长高的激素分泌减少，从而引起孩子的生长发育障碍。

因此，家长应充分关心和爱护孩子，平时应多一些触摸、拥抱，通过心的跳动、眼神的传递，把自己对对方的感情默默地传递给对方，使他们得到足够的父母之爱，这对孩子的生长发育十分重要。

☆家庭冲突频繁影响孩子身高

据英国最近公布的一项研究称，和经常打架的父母生活在一起的孩子，或来自破裂家庭的孩子，其身高极可能较矮。

为了确定家庭冲突对儿童在7岁以前生长缓慢是否会有影响，研究人员对6574名1958年同一星期内出生的儿童进行了研究，并对他们追踪研究了40多年。

为评估家庭冲突所带来的不利影响，研究人员对健康问题走访报告进行了检查，发现至少有300名儿童来自于由家庭关系紧张、父母离异、单亲或被父母遗弃所造成的困难家庭，这类儿童占被调查总数的4.5%。

研究人员分析发现，在经历过家庭冲突的儿童中，身材矮小者占31.7%，与此相比，在无此经历的儿童中身材矮小者只占20.2%。加上已知的影响生长的其他因素，如社会阶层、家庭人口数量和性别差别等，相应的差异比例只有稍微的下降。因此，家庭冲突和家庭人口过多对孩子在儿童时期生长缓慢有着独立的影响。

研究人员进一步指出，生长缓慢的孩子可能会产生由心理压力所致的心理障碍，并且这种障碍将会对其一生产生影响。同时，家庭冲突对孩子造成不断加剧的伤害，最终导致其一生中健康问题不断累积。

☆儿童多吃味精影响长高

做菜时放少许味精，不仅可以调味，而且可以增强大脑机能。

但是，味精吃多了对人体又是有害的。有很多人有这样的经验，在暴食山珍海味后，出现头晕脑涨、上肢麻木、心悸气短等症，主要原因是肉类和味精中过多的谷氨酸钠在作祟。谷氨酸钠过量，大脑抑制性神经递质占上风，各种神经机能就会处于抑制状态。美国一个研究小组通过对小鼠体内注入过量的味精后发现，小鼠在一段时间后，视网膜和中枢神经系统各个部位出现受损现象，性机能降低，还出现肥胖症。与此同时，骨骼中的红细胞和黏性白细胞数量减少，钙盐进入细胞质受到破坏，影响了细胞的合成，使骨骼的生长也受到阻碍。

研究表明，儿童过多食用味精或含谷氨酸钠的食物，大脑生成的过多的δ—氨基丁酸将会抑制下丘脑的分泌功能，结果使得甲状腺激素和甲状旁腺激素的分泌减少。甲状腺激素分泌不足会影响人体的生长发育，而甲状旁腺激素是用来调节血钙和血磷的激素，它有减少钙从尿液中丢失、促进肠道对钙磷吸收的作用，它的分泌一旦不足，钙磷就会大量流失，人体的骨骼生长和发育就会受阻。

小孩胃口不好，父母亲往往在菜肴当中多放一些味精，让味道鲜美，以提高孩子的食欲，这是一种不可取的做法。味精当中含有化学成分谷氨酸钠，大量的谷氨酸钠进入机体，能够使血液中的锌转变成谷氨酸锌，从尿中排出，长久下去就会造成小儿缺锌。人唾液当中的味觉素含有锌离子，它给味蕾和口腔黏膜提供营养。缺锌的时候，舌头上的味蕾小孔就被阻塞了，这样就不能引起味觉。因此，给孩子吃过多的味精的话，不仅不能够引起他的食欲，反而加重了味觉的紊乱和食欲缺乏，所以小儿菜肴当中不能够多放味精，尤其是对停食、厌食、胃口不好的孩子，更应该引起注意。

☆食品有害添加剂影响孩子身高

据某儿童医院青春期门诊专家介绍，自青春期门诊成立以来，每天都迎来很多青少年就诊，其中青少年肥胖、身材矮小、性早熟、性器官发育迟缓等症状占大多数。而在这些就医的青少年中，有60%以上的青少年身高“丢失”，他们“丢失”的身高少则几厘米多则几十厘米。

造成上述症状的主要原因是孩子自身生长激素不足。另外，目前我们日常的饮食安全系数有所下降，一些含有害添加剂(如有害色素、防腐蚀剂)的食品，都有可能干扰雌激素代谢，从而影响青少年的生长发育。再有，一些含有雌性激素过多的食物青少年也不能多吃。如不少市民为了补充蛋白质，经常食用豆制品，但是，豆制品不仅含有丰富的蛋白质，还含植物性雌激素大豆异黄酮，女性长期食用有美容养颜等作用，可是如果男性长期食用就会干扰体内的雄性激素代谢，男性青少年过多食用豆制品就可能影响其生长发育。为此专家建议，男性补充蛋白质，应多食用牛奶、鱼、牛羊肉、猪瘦肉等食品，豆制品以适量食用为宜。

☆儿童服氟哌酸影响长高

氟哌酸是氟喹诺酮类抗生素药物，是20世纪80年代研制的广谱抗菌药物，抗菌活性强、组织穿透性能好，与其他抗生素几乎无交叉耐药性，有毒性低、不良反应少等优点。但动物实验表明，它可影响幼龄动物的软骨生长。近来有研究表明，这类药物可使人体骨骺线提前骨化。

骨骺线是人体骨骼的生长发育点，长在四肢长骨的两端。儿童在12～15岁之前，骨骺线细胞十分活跃，这样才使儿童不断长高。如果处在这个时期的儿童应用氟哌酸这类氟喹诺酮类药物，一些儿童的骨骺线就会过早骨化，影响儿童长高。

所以，儿童不宜服用氟哌酸等氟喹诺酮类药物，并且孕妇和哺乳妇女也不宜使用，以免此类药物通过母体影响婴幼儿的正常生长发育。

☆女孩经常忧虑影响长高

科学家研究表明，经常忧心忡忡，整天生活在紧张焦虑情绪中的女孩，会比具有快乐稳定情绪的女孩身材矮小，她们成年后身高一般低于其他同龄妇女，甚至比母亲矮小。

美国儿童精神病专家10年来跟踪调查了760名儿童，发现经常处于焦虑状态的女孩成年后一般比别人矮5厘米，她们将来身高超过165厘米的可能性比其他女孩低一半。在身高不足157厘米的美国成年女孩中，小时候忧虑的比不忧虑的多一倍。

英国研究人员证明，儿童期忧虑可影响一个人的身高。那些长期担心同父母分离或担心不被男同学喜欢的小姑娘可能会因此造成内分泌紊乱，结果她们比那些生活较自在的同龄伙伴矮5厘米左右。

家长发现女孩有忧虑、紧张焦虑情绪时，应认真对待，并寻求专家的帮助。家长们应该明白，7岁后的女孩已有许多担心的事，如父母的关系、家庭经济、自己的容貌和身体的发育变化，等等。况且矮小身材的女孩在与同学、邻居小伙伴们相处时或多或少都会产生自卑心理。

☆把握时机治疗宝宝个子矮小

矮小是指小儿身高处于同年龄同性别正常健康儿童生长平均曲线以下或低于两个标准差，婴幼儿期（3岁以下）生长速度低于每年7厘米，儿童期（3岁～青春期）低于每年4～5厘米，青春期低于每年5.5～6.5厘米。通俗地说，在一个50名学生左右的班级里，身高倒数第一二名的孩子就可能存在矮小症。

1. 矮小症是什么原因造成的呢？

我们已经知道，遗传、染色体变异等出生前病理因素和垂体发育异常、颅内肿瘤、外伤、感染、贫血、心脏病、肾脏疾病及甲状腺疾病等出生后疾病，会影响孩子身高和自身生长激素的分泌。常见的引起矮小的疾病有：生长激素缺乏（GHD）；先天性甲状腺功能低下；软骨发育不全；先天性卵巢发育不全（Turner 综合征）；宫内发育迟缓；先天愚型；体质性发育延迟（晚长）等。另外，排除了一切已知疾病发生的矮小称为特发性矮小，这在所有矮小中也占有相当的比例。

2. 身材矮小可以治吗？

矮小症的治疗首先要明确病因，如果是上述疾病引起的矮小，消除病因是首要的治疗方法。各种病因造成矮小大多是因为其影响了内源性生长激素的绝对或相对缺乏，补充外源性生长激素为其重要的治疗手段。目前，外源性生长激素是惟一可以促进儿童身高增长的药物，美国 FDA 将其列为治疗矮小的惟一可选药品。孩子骨龄越小，生长潜力越大，而一旦骨骺开始闭合，生长激素作用就微乎其微了。因此对有适应证的矮小儿童应尽早给予正规生长激素替代治疗。

因此，在您发现自己的孩子身高明显低于同性别、同年龄儿童身高时，请您尽快带孩子就诊。

3. 矮小宝宝早发现早治疗

你可知道宝宝的身高是否在正常范围值内？你可知道宝宝从出生后到青春期每年应该生长多少才算正常吗？排除一系列因素后，我们平时该怎样照顾宝宝，才能让宝宝健康成长呢？

每位家长对宝宝的身高总是非常关心，希望宝宝长得高长得壮，但是作为人群而言，高矮是平衡的，所有的身高标准都是以一个正常人群为依据制定的，平均身高就意味着一半人的身高比它高，一半人的身高比它低，不可以强求。

我们把正常人群中调查的身高数据按百分位数法统计，低于第三百分位数者称为身高偏矮。在这些偏矮的人群中，有报道表明，只有 1％属于生长激素缺乏或可以用生长激素治疗的矮小；其余在排除一系列矮小原因后，被诊断为“特发性矮小(ISS)”，即原因不明，包括家族性矮小和体质性青春发育延迟者，占了 80%以上。在儿童保健系统管理中，医生十分重视这部分宝宝的身高，以期早期发现异常宝宝、早期治疗。

4. 监测的项目

所有宝宝出生后满 28 天，就要到所属社区卫生服务中心儿童保健门诊定期进行体格检查，接受生长发育指导。

有关身高的项目主要有对身高进行评估、计算身高生长速度。一般而言，生长速度正常的宝宝，在 1 岁以内全年身高将增长24～25 厘米，1～2 岁要增长 10～12 厘米，2 岁以后到青春发育前期，每年则增长 5～8 厘米。

而生长速度较慢则是从年身高增长速度来看的，即 0～2 岁低于上述正常速率的 70%，2 岁以后至青春发育前期，每年的增长速度低于 4 厘米。

儿童测量身高后，由保健人员对照《0～6 岁儿童标准身高参考值》比较，按年龄来看身高是小于 P3 值的，则初步判断身高偏矮，但并非有疾病，因为正常人群中就有 3%的儿童低于该标准。(备注：所谓“小于 P3”的身高值，是指同年龄同性别的正常儿童人群中，有 97%的人比它高，3%的人比它低。)

5. 解决的方法

经明确诊断，有疾病的宝宝应直接转向专科门诊治疗。而在排除各种疾病后，对于正常儿童和单纯矮小宝宝，主要做到：

(1)定期体检，观察身高增长速度

1 岁内每 3 个月一次，1 岁以后 6 个月随访一次，2 岁后每年身高的长速大于 5 厘米的宝宝就可以排除矮小情况。骨龄则一年复查一次。

(2)采取正确养护方法

爸妈对于单纯矮小的宝宝，在养护时应该特别注意保证其充足睡眠、加强体格锻炼与户外阳光照射等，以促进其生长。同时要特别注意营养均衡，不可因宝宝身材矮小就给其吃大量的补品，尤其是人参、蜂王浆等一些给老人、妇女吃的补品，因为其中可能含有激素等，会刺激儿童提早发育成熟，造成矮小。

宝宝的身高是要爸妈经常留意的，定期体检加上遵照正确的方法，宝宝一定可以长得尽如爸妈意愿。

6. 身材矮小的临床鉴别分类

许多疾病均可以引起矮小，医学界有一套身材矮小的辨别标准，可供爸妈参考。

- 身材矮小
  - 外观形体匀称→
    - 生长速度正常→
      - 体质性青春发育延迟
      - 家族性身矮（遗传性）
      - 低出生体重儿生长缓慢
      - 全身性疾病
      - 精神社会因素
    - 生长速度减慢→
      - 内分泌疾病→
        - 垂体性
        - 侏儒
        - 性早熟
        - 晚发性
        - 甲减
      - 染色体病
  - 外观形体不匀称→
    - 骨骼发育障碍→ 骨、软骨发育不全，粘多糖病
    - 生长障碍综合→ 多伴有先天畸形
    - 内分泌疾病症病→ 克汀病、肾上腺皮质增生

值得注意的是，在治疗矮小过程中，许多家长存在几个误区：首先是试图改变遗传身高，如果孩子达到正常的遗传身高，就不要再盲目为孩子“拔苗助长”。其次，盲目相信广告宣传，为孩子滥用增高产品，往往给孩子带来许多危害。故而针对孩子的矮小问题，应到正规医院进行诊断，在医生指导下给予治疗干预。

☆莫人为孩子增高的四个误区

误区一：认为鱼、肉、蛋才是营养，忽略了热卡（碳水化合物）。大量蛋白质的摄入，孩子容易肥胖，而且会造成孩子消化功能的紊乱，过多摄入酸性食物还会影响孩子的食欲。

误区二：自己的孩子比别的孩子矮时，家长容易重视，而自己身高并不高但孩子长得很高时，父母不但不担心，甚至很高兴。其实这也是一种异常，应及时向医生咨询。

误区三：相信一些老观念、老说法。比如“二十三，蹿一蹿”、“孩子有早长的，有晚长的”。其实孩子到底还能不能长，应该由医生来判断。家长别因为这些说法而耽误了孩子长高的时机。

误区四：对孩子的身高过于担心，早早给孩子做骨龄检查。其实，如果没有特殊问题，小宝宝没有必要做这项检查，因为毕竟有射线辐射。至少等到孩子 5～6 岁后，或必要时才做。

☆让孩子长高的四大要素

年轻的爸爸妈妈们都希望自己孩子的个子高高的，不为孩子留下个子矮的遗憾。怎么做才能使孩子长高呢？

1. 不能挑食

婴幼儿时期是长高的高峰期，在这个时期增加营养是基础。家长要给幼儿多吃些富含各类营养的食物，如豆类制品、蛋、鱼、虾、奶类、瘦肉等食物；富含维生素 C、A 以及含无机盐的蔬菜、水果等。当然，补钙也是关键，给幼儿添加适量的钙质和鱼肝油，这对长个是很有益处的。

2. 保证充足的睡眠

睡眠也是孩子长高的又一重要因素。俗话说："人在睡中长。"这是有道理的。一方面，睡觉可使大脑神经、肌肉等得以松弛，解除肌体疲劳；另一方面，孩子睡着后，体内生长激素分泌旺盛，充足的睡眠有利于孩子长高。一般来说，3～5 岁的幼儿需要睡 11～13 小时，6～7 岁的幼儿需要睡 9～10 小时。

3. 多进行有利于长个子的运动

运动能增加骨关节的血供给，使骨骼生长发育旺盛，这样，孩子自然就会长高了。有利的运动有游泳、舞蹈、羽毛球、乒乓球等。运动最好能在户外进行，因为阳光中的紫外线有利于钙的吸收，对长高同样有益。

4. 和睦家庭是长高的基石

处在和睦家庭之中，能经常得到父母关爱的儿童，其发育状况比起生活在单亲或者父母经常不和的家庭中的孩子要好得多，他们长大后身材也普遍较为高大。

☆孩子身高的增长规律

身长是反映儿童骨骼发育的一个重要指标，其增长也有一定规律，但不如体重变化显著。

新生儿刚出生时身高平均为 50 厘米，0～6 个月时每月的平均增长幅度为 2.5 厘米，后半年每月平均增长 1.5 厘米，1 岁时达 75 厘米，2 岁达 85 厘米，2 岁以后平均每年增长 5 厘米，因此 2～12 岁平均身长可按下列公式推算：

身长(厘米)＝年龄×5 十 75(或 80)

这些数值是一般情况，各个小儿出生时体重、身长的不同，家庭遗传因素的差异，都会使孩子在生长发育中有一定的差异。但如相差太多，则需找医生咨询，及早纠正，以免影响小儿健康发育。

☆怎样让宝宝再长高点

许多父母在孩子读小学或者升初中后才发觉孩子的身高不理想，于是四处求医问药，钙片、增高鞋垫什么的买了不少，但是效果却并不怎么样。要想不让孩子留下个矮的遗憾，就必须从婴幼儿时期开始关注孩子的成长。

怎么判断孩子身高是否发育得好呢？

对孩子的身高、体重发育进行定期的监测，这一点非常重要。因为只有通过监测才能了解生长的速度及时发现问题，去除影响身体发育的不利因素。有条件的最好定期到医院进行检查，另外家长也可以在家里给孩子定期测量，一旦发现一段时间内长得慢，就要及时去医院检查。

对于3岁以下的小宝宝来说，有没有类似的关键时期？除遗传因素之外，对身高影响最大的是哪些因素？

和青春期一样，1岁以内也是宝宝身高增长的高峰期。因此，要想不让孩子留下个矮的遗憾，就必须从婴幼儿时期开始关注孩子的成长。除遗传因素之外，身高增长的快慢跟喂养是否科学、是否患病有非常重要的关系。如果在此期间内喂养不合理或出现疾病，则会影响孩子的生长潜能，最终使身高受挫。胎龄满38周而出生体重低于2500克的新生儿属于宫内生长迟缓儿，成人后约有三分之一身材矮小，所以新妈妈们一定要在孕期注意。不过，先天发育不足或父母矮小的宝宝，在合理喂养条件下，1岁之内还是有机会追赶上的。生后第一年，尤其是前半年是追赶生长的关键期。通过定期测量，可以判断孩子身高是否增长正常。有条件的应该

定期到医院进行监测，家长也可以在家里给孩子测量。

后天科学合理的喂养对孩子的身高很重要，在这方面有没有要注意的问题？

首先，父母要把握几个饮食的秘诀，谨守均衡饮食的原则，想让孩子长高、长壮并不难。在诸多的后天因素中，营养是至关重要的。儿童的生长发育包括长高都离不开四大营养素：蛋白质、矿物质（尤其是钙及各种微量元素）、脂肪酸（尤其是必需脂肪酸）以及维生素（如维生素 A、D、C）。

现在城市的孩子蛋白质摄入得不少，但微量元素常常因偏食而摄入不足，如锌、铁、钙和各种维生素、纤维素等。缺锌可使生长发育迟缓、厌食，降低机体抵抗力，容易引起反复的感染；骨的生长需要充足的钙、磷；缺铁而引起的贫血使生长缓慢。有许多家庭在给孩子断了母乳后，就很少给孩子进食奶类的食品了，实际上奶类食品含钙高、易吸收，对孩子的身高发育很有好处。举一个例子：二战后日本曾倡导青少年群体每天都喝牛奶，而相对应的数字却是十分惊人的，到 20 世纪 80 年代中期，日本人的身高比大战前平均增长了近 10 厘米，国际上评价“一杯奶改变了一个民族”。所以在这里要提醒家长，一定要坚持给孩子每天喝奶。另外，不要让孩子过多摄入高脂肪高热量食物，因为营养过剩容易造成肥胖和性早熟，最终使身材偏矮。所以，在保证热量充足的同时，还要注意饮食的合理搭配和多样化，即粗细搭配、荤素搭配，不挑食，不偏食。

其次，保证充足的睡眠。大家都知道，生长激素分泌过少，会造成身材矮小。在晚上 10 点至凌晨 1 点是生长激素分泌的高峰期。如果睡得太晚，儿童的身高就会受到影响，因此，孩子睡觉最迟不要超过晚上 9 点。

最后，多选有利于长个的运动。3 岁以下的宝宝还没有什么运动技能，只要多让他进行户外运动就可以了，其实让孩子更多地接受太阳的照射、呼吸新鲜的空气，才是更重要的，是非常有利于身高增长的。一般情况下，孩子每天至少要有1～2个小时的户外活动时间。活动量适当与否，可根据孩子活动后的感觉、表现和反应正常与否来确定。若孩子运动后自己感觉良好，精力旺盛，睡得熟、吃得香，就说明运动没有过量。反之，则说明运动量偏小或过大，家长应及时调整孩子运动量，以防影响其发育和健康。

饮食方面有什么禁忌？

(1)平时让孩子少喝甜饮料，少吃甜点等糖分过多的食品，过多的糖分会阻碍钙质的吸收，影响骨骼的发育；(2)盐也是增高的大敌，必须养成少吃盐的习惯；(3)注意加工食品的刺激，如火腿、香肠、汉堡、肉松、汽水、乳酸菌饮料、冰淇淋、调味汁等，这类含有较多高磷类食品添加剂的东西摄入过多，将直接导致孩子体内钙、镁等矿物质排出体外，影响钙的利用、骨骼的发育。

☆合理的饮食习惯是长高个儿的秘诀

1. 细嚼慢咽

快吃食物会给胃增加负担，导致消化吸收障碍，甚至引起胃肠疾病。

2. 适当补钙

为了促进钙的吸收，还要避免钙制品与碳酸饮料同时饮用。因为碳酸饮料中磷的含量过高，会破坏钙的吸收。最为合适的比例是：2∶1(钙∶磷)

3. 含盐分高的食品要尽量少吃

各种腌制食品和香肠，以及熏肉等盐分较高，又是熏制食品，对胃肠黏膜有较大的刺激性，而且这类食品中维生素含量很低，对孩子成长也不利。

4. 对偏食和零食说不

零食中的蔗糖在大肠中会迅速被吸收到血液中，提高血糖水平，导致生成大量的有机酸，分解骨骼和牙齿当中的钙，由此妨碍骨骼的形成。

5. 饭后休息一小时左右

饭后让大脑和全身都休息一下，对消化系统的正常运转是很重要的。

6. 吃饭时少喝水

吃饭时喝很多水会冲淡胃中的消化液，妨碍食物的消化吸收。另外，饭前喝水会降低食欲，所以要尽量避免。而饭后喝适量的蔬菜汤或牛肉汤等，会对长个儿有利。

7. 愉快地用餐

在愉快的气氛中进食，脑的中枢神经也会变得积极，使得循环系统和其他器官能积极配合消化系统功能，有助于食物的消化吸收。

☆影响孩子身高的六大后天因素

按照世界卫生组织的标准，我国学龄前儿童的生长发育明显滞后。在我国，有32.85%的0～5岁儿童身高达不到标准。即使在生长发育水平较高的上海、北京、天津等大城市，1～6岁儿童平均身高亦低于标准1厘米。

如何让我们的孩子长高？遗传因素是否完全决定了孩子的身高？

据最新的研究分析，一个人的身高，其中七成决定于先天，三成决定于后天。因此，抓住这个能起到25%～30%作用的后天因素，也就是抓住了让孩子长高的秘诀。

骨骼生长的奥秘：讲到影响身高发育的后天因素，必须先解释一下骨骼生长的奥秘。身高的增长，归根结底是骨的生长。骨由硬骨和软骨组成，位于骨表面的软骨分裂、生长，然后钙化为硬骨，从而使得骨头变长，也就完成了人体长高这一过程。软骨产生钙化，主要取决于软骨本身的活跃性以及营养的大量提供。

软骨生长的活跃期：人到了一定年龄后，软骨不再发生钙化，人体也就不再长高。一般女性的身高在20岁左右趋于稳定，而男性的长高期一般在22～23岁结束。儿童的生长发育高峰是在出生的头两年，以及12～14岁期间，这两段时间是软骨生长的活跃期，也就是人体长高的关键期。

影响孩子身高的六大后天因素是：

1. 营养

人体的五脏六腑、骨骼组织的生长发育都依赖营养平衡。钙、锌、蛋白质、维生素A是促进儿童身高发育的重要元素。

小提示：促长食物大盘点

含钙的食物：乳制品、鸡蛋、海带、虾皮、芝麻、小白菜、紫菜等。

含锌的食物：牛羊肉、动物肝脏、海产品都是锌的良好来源。

含蛋白质的食物：蛋白质是构成骨细胞的最重要材料。富含蛋白质的食品首推牛奶、鱼类、蛋类、动物肝脏，豆及豆制品仅次之。

含维生素A的食物：鱼肝油、动物肝脏、蛋、牛奶及奶制品、绿色的蔬菜瓜果。

2. 睡眠

脑垂体能分泌一种蛋白质——生长激素。这种生长激素能促进骨骼、肌肉、结缔组织和内脏的生长发育。对促进新陈代谢也有一定的作用。生长激素在睡眠时出现分泌高峰，而且持续较长时间；只有刚出生的婴儿，一天24小时都有生长激素分泌。因此，充足的睡眠是促进长高的重要途径。

3. 疾病

内分泌疾病:包括生长激素缺乏症,甲状腺缺乏症等。患生长发育缺乏症的孩子个头矮小,但体格匀称,智力正常;患甲状腺缺乏症的孩子不仅个子矮小,智力也相对低下。

代谢性疾病:包括先天性黏多糖病,糖源累积病。这些代谢性疾病是由先天引起,患儿不仅个头矮小,而且面容特殊,与正常儿童差异较大。

慢性感染:主要是结核病。这种传染病会严重影响到儿童的生长发育。

消化道疾病:肠胃不好,就会影响到营养的吸收,从而对长高产生不良影响,如长期消化功能紊乱。

营养缺乏:上文中已经提到,钙、锌、蛋白质、维生素 A,这些营养素都是促进人体长高的重要成分。缺乏以上营养,自然会使长高受阻。

还有一些慢性病如风湿病、肝炎、肾炎等会引起机体正常的生理功能紊乱,间接地影响身高的增长。

4. 锻炼

体育锻炼可加强机体新陈代谢过程,加速血液循环,促进生长激素分泌,加快骨组织生长,从而有益于人体长高。鼓励孩子蹦蹦跳跳是促进长身体的积极因素,能使身高的生理效应得到最大限度发挥。

由于学龄前儿童身体的循环、肌肉系统十分娇嫩,不宜采用重负荷体育锻炼,可进行跳皮筋、打球、跳高等低强度活动。

5. 心理

生长激素荷尔蒙在人体情绪低落时分泌较少。因此,给孩子一个愉快、轻松的环境,让孩子保持健康活泼的心理,有利于他的身高发育。相反,长期处于压抑、不愉快中的孩子,其生长发育会受到不良情绪的影响。从而,父母给孩子营造一个和睦、温馨的家庭就显得尤为重要了。

6. 气候环境

研究证明，合理的生活制度、空气新鲜、没有噪音和污染的环境，均有利于小儿的体格发育。此外，从地区来看，不同的气候环境下人体的发育状况不同。热带发育较早，寒带生长迅速。

日照时间的长短直接影响到儿童的生长发育。一般情况下，在日照充足的地区，人的身高总水平会相对较高。

☆让孩子长高六法

1. 充足高质的睡眠

睡眠的质与量都需得到保证。除了早睡，家长还需注意保持孩子睡眠的完整、不间断。如果经常夜起或睡眠不深，就会影响到生长激素的分泌。

小提示：影响孩子睡眠质量的因素

疲劳过度：睡前玩的时间太长，兴奋过度；或白天受了惊吓，心情焦虑，使精神不能很好地被抑制下来，都会造成孩子睡眠不塌实，形成低质量睡眠。

饮食不当：晚饭吃得过多，吃进去的食物不易消化，孩子胃里不舒服，睡眠就会受到影响。如果晚饭吃得过少，孩子就可能因饥饿而不能入睡，也可能渴了想喝水。

睡眠姿势：不舒服或胸口受压，呼吸不畅，也会致使睡眠质量低下。

卧室及卧具不合适：如室内空气污秽；室内温度过高或过低，过于干燥；被褥太厚，穿棉衣睡觉等。孩子入睡后，屋内灯光耀眼，谈笑声、电视声的噪音过大，会将小孩惊醒。

因此，为了保证优质睡眠，避免睡眠中途间断，家长必须要注意：

(1)孩子晚餐不要吃得太饱,睡前不吃零食,也不要饮水过多,以免过饱和夜尿多影响睡眠。

(2)孩子睡觉的衣服要柔软、舒适、宽大。

(3)让孩子保持舒适、呼吸顺畅的睡姿。不必苛求必须保持何种睡姿,但是,如果发现孩子压住胸口呼吸不畅,就必须在尽量不弄醒孩子的前提下帮他转换姿势。

(4)营造良好的睡眠环境,室内光线不要太强,环境要保持安静,室温要适宜。

2. 保持营养均衡

充足、合理的营养是长高的基础。养成良好的饮食习惯,不偏食、挑食,才能保证钙、锌、蛋白质、维生素 A 等营养物质的摄入,保持营养均衡。

光靠补充营养剂是无法满足孩子生长发育的需求的。过量服用钙制剂,并不能有效促进骨骼生长,还反而会抑制锌的吸收。同样,锌也不能多补。锌属于人体所需的微量元素,过量的锌并不能为人体所吸收。孩子不缺就不需要额外补锌。

在 2 岁以内的婴儿时期,遗传对身高的影响不大,营养起着主导作用,所以 2 岁以内要特别注意合理营养。牛奶是一种营养丰富的理想食品。每 100 克牛奶含热能 70.5 千卡,蛋白质 3.4 克,脂肪 3.7 克,还含有不少维生素 B_2、维生素 A 等。牛奶中的蛋白质具有人体生长发育所必需的各种氨基酸,消化率在 98%以上。100 克牛奶中钙含量有 125 毫克,且容易吸收,是人体钙质最好的来源。6 个月~1 岁的幼儿每天需要 600 毫升牛奶,一岁以上的幼儿每天需 400 毫升。

让孩子多喝牛奶,是让孩子长高的秘诀之一。不仅是牛奶,酸奶、奶酪等其他奶制品都是帮助孩子长高的佳品。但应注意,市场上那些饮料类酸奶不包括在其中。

3. 促进钙的吸收

有效补钙，促进钙的吸收，是帮助长高的良好途径。除了多食富含钙的食物以外，钙的吸收和利用要通过鱼肝油、蛋黄、乳品中的维生素 D，以及日光中的紫外线照射才能发挥作用。

4. 多做运动

经常参加体育锻炼有助于长高。因为体育锻炼可加快全身血液循环、改善肌肉和骨骼系统的营养。适量的锻炼还可增加对骨端骺板的刺激，加速骨细胞的增殖，从而促进骨骼的生长。此外，体育锻炼能刺激脑垂体分泌生长激素。这些都会加速孩子的生长发育，促使孩子长高。

孩子的活动应选择轻松活泼、自由伸展的项目，比如游泳、舞蹈、羽毛球、乒乓球、单杠、打篮球等跳跃式的运动。而那些负重或压缩性的运动，比如举重、举哑铃、拉力器等，对身高增长是不利的。对于正处于求学阶段的孩子来讲，鲜有时间能在最佳日照时间晒太阳，这样，平时的锻炼就更显重要了。

5. 拥抱太阳

科学研究证明，日照时间长有助于儿童的生长发育。阳光中富含红外线和紫外线，红外线可使血管扩张，促进血液循环，刺激骨髓造血；紫外线能杀灭皮肤和空气中的细菌，加速体内维生素 D_3 的合成，改善血液中钙磷代谢，促进儿童长高，并能预防贫血和佝偻病。因此，应给儿童增加户外活动时间，以促进其生长发育。

一般认为上午 9 点多或下午 5 点左右是一天当中最佳的晒太阳时间。户外活动时间最好在两个小时左右，玩一会儿再晒一会儿，如此交替。晒哪个位置也有学问，应多晒屁股和后背，因为那是接触阳光的面积最多的地方。

6. 积极防治疾病

各种引起生理功能紊乱的急慢性疾病对儿童的生长发育都能产生直接影响。反复的呼吸道感染和腹泻会明显阻碍儿童的生长发育。慢性感染、慢性肝炎、慢性肾炎、哮喘、心脏病、贫血等均可影响身高增长。染色体异常、内分泌疾病、骨和软骨发育障碍等重大疾病，可使患儿身高明显低于同龄儿，医学上称为病理性矮小。因此，积极防治疾病，对生长期的儿童有十分重要的意义，通过早期诊断和治疗，一些疾病造成的生长损害是可以得到完全或部分恢复的。

附录：日本人是怎样让自己长高的？

与100年前相比，日本少年儿童平均身高增长了17～19厘米，日本人的平均身高比20世纪50年代增高11厘米，体重增加8千克，被国际公认为增强人类体质的奇迹。这个奇迹是如何产生的？

他们的秘诀就在于饮用牛奶。牛奶被誉为“白色血液”，它几乎包含了人类生长发育和维持健康所需的一切优质营养成分，是补充蛋白质、氨基酸、维生素、钙质的佳品。

战后的日本由政府支持，在儿童中大力普及饮用牛奶，这对于日本国民体质的增强和身高的增长大有益处。

☆锻炼——宝宝长高的催化剂

下面介绍几种简便易行的适合宝宝的锻炼方法：

1. 穿衣要适宜，避免过多：要随气候的变化而变化，不能凭大人的主观愿望来处理宝宝的衣着，如果自己怕冷，给宝宝也穿得特别多，自己怕热，就给他们穿得很少，那是非常不合适的。经常少穿一些也是一种锻炼，可以从小开始养成习惯，使皮肤更好地适应外界气温的变化。

2. 户外活动：只要户外温度在零度以上，出生后1个月的宝宝即可开始户外活动。每日1～2次，每次自15分钟加至1小时。

如户外温度在零度以下,一般可留在室内,但应打开窗户。

3. 开窗睡眠和户外睡眠:一般先让宝宝养成开窗睡眠的习惯,以后气候渐渐温暖时,可以移至户外。养成习惯后,到户外新鲜空气中宝宝就能入睡。

4. 水浴:温水浴在宝宝脐带脱落后即可采用,让宝宝在水温固定在37.5℃左右的温水中活动。春季宜每日1次,在水中时间约为7~12分钟,同时要不断加温水,以保持温度。冲浴时以喷壶冲水,从上肢到胸背、下肢,不可冲头部。淋浴比冲浴稍强,因温度之外还有水流的机械压力,起到一定的按摩作用。冲浴或淋浴适宜于2~3岁的宝宝,一般宜在早餐前或午睡后进行,时间为20~40秒,淋后立即用干毛巾擦干全身至皮肤微红。第一次冲淋时水温为35℃左右,以后逐渐下降至28℃~26℃。

5. 日光浴:日光既能让宝宝充分享受春光明媚的感觉,又对其生长发育、代谢起到良好作用。1岁以上宝宝即能进行,不满5岁者很难安稳地接受日光,可以同时做安静的游戏如玩积木等,要避免在日光下奔跑或追赶等强烈活动,同时应让他转变方向,使全身得到均匀的照射。宝宝应戴上宽边帽,注意保护眼睛,年长的宝宝可戴墨镜。日光浴宜在上午10~12点进行,不宜在刚进食后或空腹时,年幼儿在照射时应喂予凉开水。第一次日光照射不超过2分钟,仰卧和俯卧各1分钟,以后每日延长1分钟,3岁以下的宝宝增加到10~15分钟,3岁以上的宝宝增加到20~30分钟。

6. 婴幼儿抚触:婴幼儿抚触是开始于新生儿期的全身按摩,选择在宝宝洗澡后或穿衣服的过程中进行。房间温度要适宜,按摩时间从5分钟开始,逐渐延长到5~10分钟,每天1~2次。用手指指腹按摩,手法从轻开始,慢慢增加力度,以宝宝舒服合作为宜。按摩的部位应按顺序进行,顺序为头部、胸部、腹部、四肢、手足、背部。婴幼儿抚触使宝宝全身的肌肉得到按摩,促进了血液循环,并被动地接受了锻炼。

☆日常锻炼身体增高法

如今市场上增高药物和增高器械不少，且价格昂贵，但效果却不见得好。其实增高的最好办法还是加强锻炼，下面介绍几种有利于身体增高的锻炼方法，青少年朋友们不妨一试。

1. 悬垂增高法

双手紧握单杠，使身体悬空下垂，下垂时以脚尖能轻轻接触地面为佳，然后做引体向上动作。男孩每天可做10～15次。女孩每天可做2～5次。练习的要领是：引体向上时呼气，慢慢下降时吸气。练习做完后，要走动走动，使肌肉放松。待手部放松后再用力紧握拳头，将手放于胸前，随后松开手指，接着闭眼、张口、舒展眉头，放松面部肌肉，然后再躺在床上，使背部和臂部的肌肉放松。总之，要学会最大限度地用力和最大限度地放松。

在练习悬垂法一段时间后，可以在此基础上进行悬垂增量，方法是先悬垂20秒钟，然后双腿各系上5千克的沙袋，再悬垂20秒钟；这之后，用皮带固定在单杠上，悬垂15秒钟，之后穿上10千克重的铁砂背心，再悬垂15秒钟。不过，时间和重量不是绝对的，可因人而异。

2. 跳跃增高法

双脚跳跃用手摸树枝、篮球架、天花板等。10次为一组，每次向上跳跃5～7秒钟，每组间隔4～5分钟。要尽量使身体处于最大程度的伸展状态。另外，要经常参加篮球、排球和游泳运动。抢篮球和扣球时一定要奋力跳跃，积极争夺每个高点球。因为跳跃是主要训练内容，故每天要全力跳跃200次左右。

3. 牵引增高法

站在20～30米高的土丘上，放松加速向下跑，然后俯在地板上，由两个伙伴帮助，一个伙伴握练习者的双手腕部，另一个握练习者的小腿下部，两人同时向相反方向用力，牵引躯干 2～3 次，每次 12～15 分钟，重复 6～10 次。

这一系列的运动有助矫正短腿、脊柱弯曲、扁平足和 O 型腿等形体缺陷，促使骨骼增长，并调节神经和内分泌功能以及各种生理机能，使之达到最佳状态，从而达到身体增高的目的。最重要的是，一定要认真和坚持。

☆有助身材挺拔的长高体操

热身运动：活动四肢各关节，脊背保持平直，上体前倾，双臂伸直用力向后上方挥动。

走：大幅度摆臂，有力地向前走。

跑：小步跑，同时双拳放在肩上，双臂屈肘面前旋转；快速跑跳 25～50 米，重复 4～6 次，每次之后稍休息。

抻拉：双臂上举，然后向各个方向抻拉，同时踮起脚后跟，重复 6～8 次，中间稍休息。

单杠练习：悬垂(20 秒、1 分钟)，同时身体向右、左转动，双脚并拢；身体向前、后摆荡；顺时针或逆时针方向摆荡。

跳跃式引体向上：下蹲，脊背保持平直，向上跳起，抓住单杠，并利用跳跃的惯性做引体向上(单杠的高度和双手的握距因人而异)。每次至少重复 6～8 次。

跳跃：向上跳，逐渐增高，或达到一既定高度；从稍高的地方向下跳；下蹲跳起。做 30～60 个不同姿势的跳跃，双脚用力蹬地。可选择练习，但一开始就要按规定数量做，逐渐加大运动量。

每节操做完后应稍事休息一下，使呼吸平稳，四肢放松。整套操做完后，平躺在地板上，绷紧背部和臀部肌肉，微微挺腰。

每周不少于三次练习，每次 35～45 分钟。坚持下去必有收获。

☆可增高兼美容的力学增高法

力学增高法，不仅对小儿麻痹及半身不遂有显著效果，同时能治疗严重的猫背及O型腿，并使脊椎恢复正常，使体态转好，增加身高。除此之外，也能够治疗妇女生理的不顺、阴冷症等。只要每天施行3次，3个月之后，最少能长高3厘米，体态会变得婀娜多姿，可以说是一举两得的美容体操。

1. 并拢两脚，笔直地站立，把一条腿向后移开半步，然后把上体向前弯曲，不要弯膝盖，使手指能触到地面为止，如此，连续做15～20次。这个动作可以使大腿及膝盖的线条优美柔和，令左右两腿匀称。

2. 两脚打开30～60厘米，挺直地站立，把一条腿向后退半步，然后把上身扭曲，使指尖能够触及另一侧的脚趾。并连续做10～15次。这个动作可以使两腕的线条优美柔和，腰围缩小，并矫正脊椎柱的弯曲。

3. 两脚打开60～70厘米，把一条腿向后退半步，再抬起双臂，与肩膀同高，然后把双臂水平地向后甩去。向长腿的方向扭转7次，向短腿的方向扭转4次。这个动作可以使腰围紧缩，体态娇娆。

4. 面向墙壁，保持30厘米的距离站住，一条腿向后退半步，脚后跟张开，让足尖朝向内侧，再把两手按在墙壁上，挺起胸部，以臀部向后突起的姿势，并拢着两个膝盖，屈伸双腿。连续做20～50次。这个动作可以让股关节有了转位，能治好两腿不匀称的毛病，而且能使腿部线条美丽。

5. 做一个长度十几厘米，宽度约有手腕两倍的腰枕系在腰部，把一条腿向后退半步，深深地坐入椅子里面，再把肩膀向后面靠去，挺起胸部，连续做20次。这个动作能治好疲劳及肩膀酸痛的毛病，并可以收缩腹部。

6. 拿起一条绳子站立，把一条腿向后退半步，然后，以这种姿势有韵律地跳跃 60～70 次。跳绳是一种很好的全身运动，不仅对健康及美容有很大的帮助，同时能收缩全身的肌肉，增加身高。

7. 正坐在小腿上，把一条腿的膝盖向后退 3～5 厘米，两肩向后扳开，手臂笔直地向上举起，以此姿势，把上体向前倾倒，尽量贴近地板。连续做 20～40 次。这个动作是矫正猫背最有效的运动，不仅能使背部挺直，同时能美化腕部的线条。

8. 坐下来，用布条将两膝盖上部绑好，两手抱住小腿，让一条腿的膝盖与另外一条腿的膝盖保持平整一般高，再利用两手拉身体弯曲，使下巴触到膝盖，连续做 20～30 次，这个动作可以拉紧臀部肌肉。

9. 做完上述 8 项运动之后，暂时不要解除膝盖上的布，用一个枕头垫在背部，伸直两腿，躺上 15 分钟。如果你具有冷症，夜晚可以绑着布条入睡，如此经过一段时间即可把冷症治愈。对于猫背及 O 型腿的人来说，这些是最有效的运动。

☆让孩子长高的饮食秘诀

父母只要把握几个饮食的秘诀，想让孩子长高、长壮并不难。

1. 谨守均衡饮食的原则

孩子和成人一样，每天都应该摄取六大类食物，父母可以参考每日饮食指南，了解不同年龄层孩子的饮食需求。青春期的孩子长得快、活动量也增加，为了提供成长发育所需的能量及营养素，热量的需求比较高，男孩子一天要摄取 2150～2650 卡，女孩子则需要 2100～2200 卡。

2. 父母以身作则不偏食

不少研究指出，孩子从小的饮食习惯受父母的影响最大。营养师认为，想让孩子长得好，不偏食是最基本的原则。父母在为孩子搭配三餐的菜色时，尽量多变化，让孩子从小就多尝试各种食物。摄入的食物种类丰富，就不必担心生长所需要的营养素会缺乏。

3. 不在孩子面前做食物的负面评价

例如："苦瓜那么苦，你也敢吃？"大人随口一句话，会让孩子对特定食物建立特定印象，以后成为他拒吃的借口。当然，更不要拿食物当做奖励或处罚孩子的工具。

4. 教导孩子均衡的饮食观念

现代双职工家庭的三餐多半靠外食解决，不少父母会给孩子钱，让他们自行购买午餐。营养师建议父母多注意孩子自行外食的情况，并且灌输孩子一些健康的饮食观念，例如：少吃油煎、油炸的东西，菜色选择要均衡、多变化，六大类食物都要摄取等。父母无法掌握孩子的饮食情况，长期下来就容易造成孩子的营养状况不良。

5. 避免让孩子发胖或节食减肥

小儿科医师指出，肥胖的孩子因为摄取过多热量、脂肪及糖分，造成骨龄的进展比实际年龄快，虽然一开始身高比其他的小朋友突出，但是因为生长期提前而且被压缩，未来不见得能长得比较高。

不让孩子发胖其实很简单，只要限制他们吃高热量食物如汉堡、炸薯条的次数，及少喝含糖饮料，配合规律的运动，就不至于有肥胖的问题。

另外营养师认为，现代少女受到偶像明星纤瘦身材的影响，即使体重正常，仍然拼命节食减肥，不但错失长高、发育的机会，更严重影响成年后的健康。

☆什么食物能助宝宝长高

营养学专家认为，儿童的生长发育（包括长高）离不开四大营养素：蛋白质、矿物质、脂肪酸以及维生素。

1. 蛋白质是生命的基础，各种组织器官都由蛋白质构成，因此选择高蛋白食物是非常重要的。瘦肉、鱼类、牛奶、大豆、鸡蛋中等都含有丰富的蛋白质。

2. 钙、磷、镁等矿物质是构成骨骼架构的最基础元素，骨骼中三分之二的矿物质中99%是由这三种矿物质构成的，因此充足且适当的矿物质的补充对骨骼的拉长非常重要。牛奶、鱼类都是含钙丰富的食品。另外，如铁、锌等一些重要的微量元素的作用也十分重要，它们可以从许多生命活动的环节中调节孩子生长发育的速度。动物内脏、鱼类、坚果类食品等含这些微量元素都很丰富。

3. 摄入充足的脂肪酸对儿童身高的发展是很有必要的。除非孩子本身的体重已达到肥胖，否则不应该严格限制孩子选择脂肪性食品。父母应科学地选择天然的含必需脂肪酸高的食品，如鱼类、鸡蛋类等。

4. 维生素对孩子的成长发育有必不可少的作用，所谓“维持生命的要素”就是这个道理，其中维生素 A、B、C 等尤其对孩子长高方面发挥重要作用。柑橘类水果、胡萝卜、菠菜等含维生素量都很丰富。

其实，世界上还没有一种所谓可以“长高”的完美食品，但有不少可以助长的食品。这些食品就存在于我们的日常饮食中，像鱼类、瘦肉、蛋类、牛奶、豆制品、动物内脏以及新鲜水果、蔬菜等，这些都有利于儿童身高的增长及大脑的发育。

☆专家推荐帮助孩子长高的八款菜肴

1. 豆腐皮肉卷

原料：豆腐皮 100 克，肉末 150 克，姜、葱各适量，米酒、高汤、糖、盐等调味料各少许。

制作过程：

(1)将葱、姜切成细丝备用。

(2)肉末加入葱、姜、米酒、盐拌匀。

(3)将调味的肉末以豆腐皮包成条状。

(4)将包好的肉卷放入中温油锅炸至外皮呈金黄色，即可捞起备用。

(5)另一锅内加入高汤、酱油以及糖做酱汁。

(6)放入炸好的肉卷，待酱汁吸收完全即可。

(7)上桌前切片方便食用。

香酥的豆皮肉卷不仅含有大量的动物蛋白质，还有植物蛋白质，且口感相当酥脆、可口，是给宝宝补充蛋白质的理想菜肴。

2. 凉拌海带丝

原料：海带丝 100 克，枸杞子 10 克，金针菇 50 克，嫩姜丝适量，香油、盐等调料各少许。

制作过程：

(1)海带丝用热水烫过捞出放凉。

(2)枸杞子入锅内蒸煮 5 分钟，金针菇用热水煮软捞出。

(3)将所有材料加在一起拌匀，并加入调味料即可。

海带含有丰富的矿物质，凉拌又减少损失营养元素，这道菜很清新。

3. 什锦面

原料：肉末、香菇丁、豆腐、金针菇、鸡蛋清、青菜、胡萝卜、拉面、海带、鸡骨头等各适量。沙拉油、盐各少许。

制作过程：

(1)鸡骨头加入海带共熬高汤。

(2)香菇、金针菇、胡萝卜切细丝，青菜切段，豆腐切长条，以滚水氽烫。

(3)肉末加入鸡蛋清揉成小丸子烫熟。

(4)拉面放入高汤煮熟，然后加入材料及调味品。

这道菜材料众多，包括了肉类、蔬菜、蛋、面粉，营养元素全面，口感也很不错。

4. 土豆烧牛肉

原料：牛肉 250 克，土豆 400 克，酱油、精盐、味精、料酒、葱段、姜片、水淀粉、植物油各适量。

制作过程：将牛肉切成 2 厘米见方的块，用沸水烫过，再放入煮锅内，加适量清水、葱段、姜片、料酒，煮沸后改微火焖烂，捞出。土豆洗净，去皮，切成滚刀块，用七成热的油炸至呈淡黄色捞出。植物油放入锅内，热后烹入料酒、酱油、精盐、牛肉汤适量，沸后，投入土豆块及煮好的牛肉块，再沸时，转小火慢烧 15 分钟，改大火收汁，调入味精，用湿淀粉勾芡，淋入香油少许，即可出锅装盘食用。

功能：健脾和中，益肾填髓。本膳用牛肉，含蛋白质、磷、锌较多，还含有钙、维生素 A、维生素 B_1、维生素 B_2 等，其中蛋白质、磷、钙等是组成骨细胞的重要原料。土豆也含有大量淀粉、维生素 C、磷、铁、钙等营养物质。

5. 碧桃鸡丁

原料：鸡脯肉 200 克，核桃仁 75 克，青豆(青菜、黄瓜也可)30 克，葱小段、蒜片、蛋清、水淀粉、精盐、味精、料酒各适量。

制作过程：将鸡脯肉切成 1.5 厘米见方的丁，用精盐、料酒、蛋清捏匀(上浆)；清汤、精盐、味精、水淀粉调制成汁。锅置火上，放入植物油，烧至5成热时，将鸡丁入油中划熟，捞出，控净油；核桃仁用温水泡，剥去外皮。炒锅加油少许，下葱段、蒜片爆香，烹入料酒，加入鸡丁、青豆、核桃仁煸炒，倒入调好的汁，迅速颠翻均匀，出锅装盘，即可食用。

功能：补肾养肝，滋筋壮骨。本膳所用核桃仁，是健骨补肾佳品；鸡肉，有补五脏、益气力、壮阳道、添精髓的作用。核桃仁与鸡肉组成菜肴，能滋养肝肾，助长发育，益智健脑，适宜于幼儿常食。

6. 田螺肉韭菜

原料：田螺肉150克，韭菜100克，料酒、精盐、白糖、植物油各适量，葱丝少许。

制作过程：将田螺肉去杂洗净；韭菜择洗干净，切成段。锅中放油，烧至六成热，下葱丝煸香，放入田螺肉，焙炒至田螺肉熟并入味，放入韭菜段，继续煸炒至韭菜入味而不烂时，即可出锅装盘，食用。

功能：壮筋坚骨，补肾健脾。本膳用田螺肉，每100克含蛋白质10.7克，脂肪1.0克，钙1.357毫克，磷1.91毫克，铁19.8毫克，还含有维生素B_1、维生素B_2、尼克酸等。韭菜含有丰富的胡萝卜素、维生素C。此是小儿补钙、防治骨病的理想菜肴，有促小儿增高之效。

7. 牛奶虾泥

原料：大虾150克，鲜牛奶100克，鸡蛋清1个，料酒、精盐、味精、水淀粉、植物油各少许。

制作过程：将大虾去皮，抽去虾线，清洗干净，控去水分，剁成泥放入小碗内，加入蛋清、精盐、水淀粉混合均匀。鲜牛奶、水淀粉、精盐、味精混合在一起，调成牛奶液，待用。炒锅上火，倒入适量的植物油，油烧至三成热，将调好的牛奶液倒入锅内，用手勺轻轻搅动，奶汁结成片状浮起时，把虾泥倒入锅内，用大火翻炒片刻，即可出锅食用。

功能：益肾补髓，濡筋壮骨。本膳用牛奶，能补虚、健脑；大虾，含丰富的蛋白质、脂肪、碳水化合物、钙、磷、铁、碘、维生素A、维生素B_1、维生素B_2、维生素E等。

牛奶与虾泥相配成菜，非常适合处于发育阶段的婴幼儿食用。

8. 甜椒炒鳝丝

原料：鳝鱼丝150克，甜椒75克，料酒、精盐、味精、葱花、湿淀粉、花生油各适量。

制作过程：甜椒洗净，去蒂、籽，切丝。炒锅加花生油，烧热，下鳝鱼丝煸炒，待水分干，烹入料酒，加精盐、葱花，继续煸炒至入味，再加入甜椒丝，煸炒透，加水、味精、白糖少许，沸3分钟，用湿淀粉勾芡，淋上香油，出锅佐餐食用。

功能：补肝益肾，壮骨利筋。本膳中鳝鱼含有较丰富的蛋白质、脂肪、钙、磷、铁、维生素B_1、维生素B_2等，且脂肪中的脂肪酸多为不饱和脂肪酸。而鳝鱼配以含有丰富维生素C的甜椒，相互补助，功效增强。此菜有补虚、助力、利筋骨的作用。

☆如何把握孩子长高的三个关键期

根据最新的体格发育观念，婴儿、儿童、青春期三个不同的时期，对成年后的身高影响不同。两岁以前，尤其是1岁时，营养的供给对身高影响显著，两岁以后，尤其3岁之后进入儿童期，此时生长激素在身高方面的作用就凸现出来，到了青春期，性激素对身高相当重要，因为青春期的身高突增是缘于性激素和生长激素的共同作用。在每个阶段，家长都应该注重孩子的生长发育的特点，并给予正确、科学的养育。

婴儿期——饮食技能、习惯的培养

婴儿期的生长通常不受遗传影响，营养却是影响孩子生长的关键因素。婴儿在8个月后逐渐向儿童期过渡，此时营养跟不上就会影响成年身高。此类过渡延迟将使其成年身高减损。所以，婴儿期的营养非常重要。

对策：

(1)合理喂养，及时添加辅食　婴儿满4个月后应及时添加辅食，因为4～8个月时是婴儿形成吞咽固体物所需的条件反射形成的关键时期。专家认为，要学会吃东西，这种吃的技能是后天才学会的，如果4个月之后还没有添加辅食，婴儿就很难学会从进食液体食物到一半固体食物再到整个固体食物的过渡，不能及时完成这种过渡，吃固体食物就不能下咽，容易呕吐，从而影响婴儿的生长发育。

(2)什么都要吃，食物尽量多样化　在广东地区，人们习惯给食物定"药性"，热、寒、温、滞等，结果很多食物似乎都不太适合婴儿。专家认为，从营养心理学上讲，如果婴儿时期食物品种过于单调，到了儿童期，出现偏食、挑食的机会将会大大增加。所以，食物要尽量多样化，尤其在婴幼儿期，尽量接触丰富多样的食物，不但能保证营养供应全面，而且能防止以后出现挑食的不良习惯。

儿童期——每年增高5～7厘米

在儿童期，3岁以后孩子每年能长高5～7厘米，到底是5厘米还是7厘米则取决于遗传、环境、营养等综合因素。所以，在这个"平稳"增长期，家长要关注孩子每年的身高并加以测量。

对策：

(1)3～6个月测量一次身高　人的生长速度是不均衡的，每个人都有自己的特点，所以太频繁地测量也不是科学的态度，有些家长给孩子测身高，这个月长了0.5厘米，下个月只有0.3厘米，就着急找医生了。其实，只要3～6个月测量一次，每年增高5～7厘米就达标了。

(2)性早熟应看儿科内分泌医生　个人的性早熟与群体的发育提前不能混为一谈。所以，家长不要以为现在孩子生长发育提前了，就以为自己的孩子早些发育没有关系。如果女孩子在 8 岁之前出现乳房增大，阴毛、腋毛生长等任何一项或多项第二性征，或月经初潮于 10 岁以前；男孩在 9 岁之前出现阴茎及睾丸增大、阴毛生长，10 岁前变声等性发育表现者则为性早熟，此时要及时找儿科内分泌医生就诊。

青春期——发育之后身高突增

在青春期由于生长激素和性激素的催化作用，女孩平均可长 25 厘米，男孩 30 厘米。家长应注意，如果女孩初潮后和男孩变声后两年之后，身高不理想，此时再进行干预已经不太可能有效果了。

对策：

(1)关注发育之后的身高突增　女孩乳房发育后一年左右，男孩则在变声前，身高生长加速，最快时女孩每年可长 8 厘米。男孩每年长 11 厘米。女孩初潮后平均可再长 5 厘米，男孩变声后可再长 5～10 厘米。所以在整个青春期，女孩平均可长 25 厘米，男孩长 30 厘米。这种生长规律，家长应该有所了解。

(2)睡眠、运动能帮助长高　研究发现，在青春期，充足的睡眠有助青春期高速生长；运动，尤其是跳绳可显著增加孩子的生长速度(即使在初潮出现后也是这样)，同时还能增加身高突增的持续时间。所以，青春期尤其要注意睡眠和运动，这将对成年期的身高有重要意义。

☆如何充分利用“人体生长最佳季节”

世界卫生组织一项引人注目的报告指出，人体的生长速度在一年中并不相同，长得最快的是在 5 月份，平均达到 7.3 毫米；其次是 5～10 月份，平均有 6.3 毫米。因此，国内外有关专家建议在这“神秘的 5～10 月”里，应该适当增加营养，加强运动，或通过辅助增高产品的治疗，以利于身体的生长发育达到最佳状态。

那么，为何人体在5～10月长得最快呢？生物学家和医学专家研究发现，一个人的生长速度除了种族、遗传、内分泌、生活习惯等因素外，还与营养状况、地理气候和体育锻炼密切相关。进入5～10月份后，大地回春，万物萌生，莺歌燕舞，一派生机。这时候人体内各器官和细胞的功能十分活跃，体内生长激素分泌增多，生长发育加快，尤其是在经历了漫长的冬季后，人们都喜欢到户外活动，从而生长速度加快得更为明显。

由于在5～10月里生长速度加快，所以必须要消耗更多的营养物质，因此，要掌握人体生长的最佳时机。营养学家认为，要及时补充各种营养，以促进人体生长发育的需要和增强抗病能力。

在“奥妙的5月”家长应注意以下几点：

1. 补充蛋白质。蛋白质是生命的基础，骨细胞的增生和肌肉、脏器的发育都离不开蛋白质。人体生长发育越快，则越需要补充蛋白质，鱼、虾、瘦肉、禽蛋、花生、豆制品中都富含优质蛋白质，应注意多补充。另外，在5～10月，青少年应适当地多吃一些鸡蛋，因为鸡蛋含有人体必需的蛋白质、脂肪、糖类、维生素和无机盐等营养物，容易被人体消化吸收。一个鸡蛋的营养价值约等于250克牛奶。在“奥妙的5～10月”中，由于生长发育较快，当营养供应不足的情况下，人体便容易发生软骨病和贫血。鸡蛋黄中含有大量的钙、磷、铁和维生素D等可促使骨质钙化与提供造血的原料。所以，鸡蛋是促进健康成长的最佳滋养食品。

2. 供给维生素和纤维素。维生素是维持生命的要素，其中最重要的是维生素A、B、C，是人体生长发育所必不可少的。动物肝、肾、鸡蛋特别是蔬菜中含有多种维生素、纤维素和矿物质，应多食用一些新鲜蔬菜。

3. 增加矿物质。人体的长高，决定于骨骼的生长发育，其中下肢长骨的增长与身高最为密切。也就是说，只有长骨中骺软骨细胞的不断生长，人体才会长高，钙、磷是骨骼的主要成分，所以，5～10月份要多补充牛奶、虾皮、豆制品、排骨、骨头汤、海带、紫菜等含钙、磷丰富的食物。另外，要到户外多晒太阳，增加紫外线照射机会，以利于体内合成维生素D，促使胃肠对钙、磷的吸收，从而保证骨骼的健康成长。

4. 要保证充足的睡眠。睡眠也是使人体长高的“营养素”。常言说：人在睡中长。由于睡眠不仅可消除疲劳，而且在人体入睡后，生长激素分泌比平时旺盛，并且持续时间较长，有利于长高。因此要养成规律的生活习惯，保证充足的睡眠。

5. 参加体育锻炼。经常参加适宜长高和健脑的体育锻炼，能促使全身血液循环，保障骨骼肌肉和脑细胞得到充足的营养，促使骨骼变粗、骨质密度增厚、抗压抗折能力加强。运动能促进生长激素的分泌，使骨骼、肌肉、大脑发育得更好。所以，应多参加适宜长高和健脑的活动，例如跳绳、踢毽、跳皮筋、艺术体操和各种球类活动等，也可以通过增高产品的辅助治疗与运动有机的结合实现增高的最佳疗效。

6. 辅助治疗。现代医学研究认为，科学家们结合人体基因发育工程学原理以及现代生物技术及中医理疗方法，可以达到比过去的各种医疗及营养保健品更好的长高效果。通过针对26周岁以下人群的使用观察及临床验证表明，一年内在5～10月份平均增长3～5厘米，总有效率达97.5%以上，因此可见五月的治疗是身体增长非常重要的因素。

☆让身材矮小孩子长高的窍门

许多家长咨询，希望提供使儿童长高的窍门。中山大学附属一院儿科专家指出，孩子矮小很多是因家长育儿不当，使孩子营养不均衡而造成的。因此，家长除了观察儿童生长发育的变化，平时要特别注意孩子（尤其是身材矮小的儿童）的饮食状况，因为营养是影响青少年身高发育的一个极为重要的因素。

人的一生有两个生长发育期：一周岁内；青春期（13～18岁）。这两个时期都是人体发育的猛增时期，所以，这些时期的营养问题非常重要。

其一，蛋白质是长身体的“建筑材料”，成年人每天需要80克蛋白质，孩子相对需要更多一些。优良蛋白质能够影响成长激素的分泌，也是增高的关键因素。不仅要讲究蛋白质的数量，还要讲究质量。动物性食品如蛋、肉、鱼、乳类所含人体必需氨基酸比较完备，营养价值高，宜多吃；大豆及豆制品的蛋白质也是优质蛋白质，要让孩子经常进食。而且要注意荤素搭配，如豆类、花生、蔬菜与动物性食品搭配，可进一步提高蛋白质的营养价值，又可取长补短，增加人体对维生素和矿物质的吸收。

其二，钙是青少年生长发育不可缺少的矿物质，若食物中的钙供不应求，就会影响青少年的身高发育。钙质是最重要的营养素，因为骨骼有97%的组成成分是钙盐，补充钙质对骨骼发育十分重要，其中又以牛奶的钙磷比例是人体吸收钙质的最佳比例。据调查，缺钙的儿童补钙后要比不补钙的儿童个子高得多。因此，膳食调配中应有含钙的食品，如奶类、蛋黄、虾皮、牡蛎、芝麻酱、大豆及豆制品。

其三，婴幼儿和少年儿童正处在生长发育阶段，应从食物中摄取适量的铁、铜等微量元素以防止贫血。铁是合成血红蛋白的必需物质，铜是合成血红蛋白的催化剂。据调查，贫血严重影响青少年的生长发育，贫血的孩子往往比同龄的正常孩子矮2～10厘米。猪肝、猪血、虾、蟹、贝类等食品含铁、铜较多，平时应适当多进食。

其四，缺锌也会影响儿童身高。锌是人体中的一种微量元素，富含于肉、奶、蛋等高蛋白食物中，缺锌会造成味觉差，食欲降低。摄入的食物少，很多该消化吸收的营养都没有消化吸收，自然就影响生长发育。据国外医生对一组体内锌低于正常二分之一水平的儿童进行的检查发现,其中80%发育迟缓。因此,要想孩子长高,自然也应多摄取富锌食品。

各种食物当中,以牛奶、沙丁鱼、菠菜、胡萝卜、橘子是最富含以上四种营养的食物,尽量在三餐中摄取这些食物,而且吃饭时要慢慢咀嚼,以助消化吸收。饭后平躺10分钟,让消化器官充分发挥作用。

☆宝宝不长个的N种情况治疗对策

1. 生长激素缺乏症

又称垂体性侏儒症,是由于脑垂体分泌生长激素障碍所致。通常多见于男孩,出生时的身高和体重都正常,大多数在1岁以后出现生长缓慢,表现为匀称性矮小、面容幼稚、头发纤细柔软、手足小、阴茎小,但智力正常。如果不积极治疗,最终男孩身高在1.35米左右,女孩身高在1.30米左右。

治疗对策:

用基因重组技术合成的生长激素治疗,每年可增加身高8~16厘米(平均12厘米),一部分宝宝经过治疗后可以接近正常成人的身高。需要提醒的是,开始治疗的年龄越小效果越好,治疗持续至骨骺融合为止。

2. 甲状腺功能减低症

这种疾病是由于甲状腺激素分泌不足或缺乏,引起全身代谢率降低的一种内分泌疾病,女孩发病比男孩多。一般在出生后,患儿就出现腹胀、便秘、喂养困难等症状,并且对外界反应迟钝,常处于睡眠状态,还伴有哭声低、声音嘶哑、体温低、四肢凉等表现。6个月以后,随着宝宝逐渐长大,症状越来越明显,出现身材矮小、四肢短、躯干长、发育迟缓、智力低下等表现。

治疗对策：

需要使用甲状腺素终生治疗，治疗时间越早越好。如果出生后1～2个月就开始进行治疗，一般不会遗留神经系统的损害。

3. 先天性卵巢发育不全综合征

这种疾病是染色体异常造成的，仅发生于女孩。表现为出生时身高和体重落后，出生后生长速度缓慢，身材矮小，到青春期没有女性特征。如果不治疗，成年时平均身高仅为135～140厘米左右。

治疗对策：

可以采用基因重组生长激素治疗，如果治疗得当，最终身高可增加10～16厘米。在骨龄达到12岁时，开始用小剂量雌激素治疗。

4. 胎儿宫内营养不良

由于胎盘功能减退或宫内感染，使胎儿在母体内营养不良，生长发育迟缓，导致出生后生长发育未能追上同龄的孩子而导致生长迟缓。

治疗对策：

可以采用合成代谢性激素治疗，如苯丙酸诺龙，有条件时可以考虑应用生长激素治疗。

5. 小于胎龄儿

是指足月出生的宝宝体重低于2500克，或早产儿体重低于同胎龄儿。这些宝宝在出生头2年，特别是生后6个月以内有加速生长的现象，因而他们可能达到正常宝宝身高水平。但大约有15%的宝宝成年后身材仍然矮小。

治疗对策：

饮食上加强营养，平时多运动，保持足够的睡眠。如果2岁以后身材仍然矮小，可以考虑应用生长激素治疗。

6. 全身性疾病

神经系统疾病所致，如果损伤丘脑—垂体的功能，就会使体内的生长激素分泌减少。一些遗传性代谢缺陷病都会使生长发育落后，身材矮小，如糖原累积症、黏多糖病等。另外，长期应用肾上腺皮质激素也可导致生长落后。

治疗对策：

在积极治疗原发性疾病的基础上，给宝宝加强营养，平时多带出去运动，并每天保证足够的睡眠。

7. 家族性矮小

家族性矮小的宝宝生长速度虽然迟缓，但生长率、骨骼和牙齿发育及性成熟都在正常范围，也没有任何内分泌功能异常的表现。并且，每年身高递增率符合实际年龄的递增标准，最终身高也能与父母的平均身高相称。

治疗对策：

一般不需要治疗，如果身材太矮，可以使用合成代谢性激素，如苯丙酸诺龙等。但这种药的男性化作用较大，应用时必须每3～6月复查骨龄一次。当骨龄接近实际年龄时应及时停药。另外，长期用药有促使骨骺过早闭合的副作用，反而限制了身高的增长。

8. 体质性生长落后

就是我们通常说的“晚长”。这种情况多见于男孩，常有家族史，主要表现为1～2岁后出现骨骼生长迟缓和性发育延迟，但智力正常。

治疗对策：

一般不需要治疗，大多数到青春期以后骨骼即开始迅速生长，性发育也逐渐成熟，达到成人标准。

附录：贴心小叮咛

宝宝身高的增长与多种因素有关，是存在个体差异的。父母不要因宝宝个子矮一点就认为是得了什么疾病，四处求医，什么增高方法都去试。这样，不仅会花去许多冤枉钱，对宝宝健康也有害无益。如果宝宝身材确实矮小，先应到医院检查一下，确定身材矮小的原因。如果是疾病造成，一定要按照医生的意见进行正规治疗，不要道听途说或找偏方，什么方法都乱用。如果是家族性矮小或体质性生长落后，就不要四处求医问药了。带宝宝多做合理性运动，保证良好的营养和充足的睡眠，也会促进身高增长。

☆让孩子摆脱矮小烦恼“三步曲”

面对孩子身高不理想的问题，家长既不能“病急乱投医”，也不应置之不理、听其自然。广州市国民体质监测指导中心的专家指出，科学的做法是长高“三步曲”：

第1步　科学检测孩子骨龄

骨骼年龄，简称骨龄。骨龄能精确反映人从出生到完全成熟的过程中各年龄段的身高状况。在检测骨龄的基础上，可以较准确判断孩子未来几年的身高长势，同时也可以科学判断孩子的最终身高。同样年龄的孩子，骨龄不一定相同，长高潜力差异也会很大。如果家长不搞清楚孩子的骨龄，将来孩子变成矮个子，也不知道问题出在哪里。

第2步　在专家指导下培养孩子良好的生活习惯

研究表明，青少年的身高生长可以分为发育前、发育中、发育后三个生长阶段。处在不同长高阶段的孩子，长高的影响因素及侧重点各有不同。在专家指导下，养成良好的生活习惯（饮食、运动、睡眠）对孩子的身高及健康成长至关重要，家长不应依靠想当然或道听途说来指导孩子。

第3步　采取针对性手段解决孩子身高不理想的障碍

孩子长高的影响因素很多，包括遗传、骨龄、疾病、情绪、运动、饮食、营养吸收、睡眠、发育、内分泌状况，等等。每个孩子的长高障碍各有不同，要在科学检测基础上，全面分析孩子的状况、准确判断孩子身高不理想的障碍，采取针对性的个性化综合解决方案，同时，在专家指导与孩子的积极配合下，才能让孩子科学长高。

关于儿童性早熟

什么是儿童性早熟

人体是由多个生理功能不同的系统组成的，其中生殖系统是发育成熟最晚的一个。儿童进入青春期后，体格生长突然加快，体重、身高增长幅度加大，女孩骨盆增宽，脂肪分布于肩、胸、臀等部位而形成女性体态；男孩则肩部增宽，肌肉逐渐发达而形成男性体态。同时，生殖系统发育趋向成熟，性征逐渐明显，女孩表现为乳房发育，大小阴唇发育，阴道分泌物增多，随后出现阴毛、腋毛及月经初潮；男孩则表现为睾丸和阴茎增大，可有排精，随后出现喉结，声音变粗，长出胡须、阴毛和腋毛。女孩一般从10岁开始到18岁左右，男孩从12岁开始到20岁左右为青春期。青春期发育开始的时间存在个体差异，可相差2～3岁。如果女孩在8岁以前、男孩在9岁以前出现上述性征的发育，就是性早熟。

现在，性早熟儿童屡见报道，性早熟儿童真的很多吗？事实上，在19世纪末和20世纪世界上最年轻的妈妈仅5岁半，我国发现年龄最小的性早熟妊娠年龄是8岁。目前，青春期提前是世界性的趋势，由于社会环境的影响和生活水平的提高，孩子的性发育普遍提前，性早熟的发病率也显著增多，已经成为小儿常见的疾病之一，而女孩发生性早熟又较男孩多4～5倍。

☆儿童性早熟有哪些分类

性早熟一般可分为三大类:真性性早熟、假性性早熟和部分性性早熟。

1. 真性性早熟

“下丘脑－垂体－性腺轴”功能提前成熟,并具有生育功能。真性性早熟包括:体质性性早熟、多发性骨质纤维性发育不良和肾上腺－性腺综合征。

(1)体质性性早熟,即性成熟过程与正常性发育过程相似,只是提前发生和过程进展快而已。80%的女性和约40%的男性性早熟属于这种类型。这类患者开始时身材可比同龄儿童高一些,但骨骺提前闭合,成年后身材十分矮小,一般不会超过1.55～1.60米。

(2)多发性骨质纤维性发育不良患者中有40%出现性早熟,这类性早熟几乎均是女性。

(3)肾上腺－性腺综合征是比较常见的性早熟。患者由于肾上腺先天性缺陷,分泌雄激素过多,致使女性异性性早熟(即女孩男性化)。如果发生在男性则表现为阴茎增大,阴毛、腋毛生长,但睾丸不发育;肌肉发达,但骨骺提前闭合。

2. 假性性早熟

是由于某些疾病使体内产生了大量性激素,或接受了大量外源性性激素而出现的第二性征。常见的原因有性腺肿瘤、肾上腺肿瘤以及口服避孕药的影响等。假性性早熟没有生育功能。

3. 部分性性早熟

仅表现为某一性体征的早熟现象,如单纯阴毛早现、单纯乳房发育等,其余各项均处于青春期前状态。多见于女性。其原因可能是身体某一部位对性激素敏感。

☆如何判断“假性性早熟”和“真性性早熟”

父母与孩子一起洗澡时，如果发现孩子有“第二性征”萌动的苗头，不要惊慌失措。

假性性早熟是由于体内某个病变部位产生性激素或摄入外源性性激素引起的，患儿并不具备生殖能力。某些“假性性早熟”往往是由内分泌的阶段性波动引起，孩子的骨龄并未超前。只要注意饮食调控，不让孩子接触“情色类”视听作品，假性性早熟不一定会发展为真正的性早熟，无须打针吃药。

真性性早熟是由于体内掌管青春发育的调节系统（下丘脑—垂体—性腺轴）提前发动导致激素水平升高而引起的，男孩可有排精，女孩可排卵，并具有生殖能力。一旦拍片发现骨龄超前，可确诊为“性早熟”。作为父母，也一定不要当着孩子的面忧心忡忡，要尽量和缓地告诉孩子，每个人都会发育，发育是件好事，可以使人变得聪明，有力量有高度，但太早发育会有点麻烦。

如果父母不把“性早熟”说成洪水猛兽，孩子也不会出现过度的惶恐心态，性格上也不会变得自闭，饮食调控方案也容易得到配合。

☆如何尽早发现孩子性早熟

日常生活中多留心观察。

当发现女孩子有以下情况出现你就要注意了：

乳房肿痛，触之有核状物；

乳房增大，外观有隆起现象，或乳头凸出、色泽有变；

大阴唇、腋窝着色和出现色素较浅的阴毛；

阴道分泌物增多、内裤上有少许分泌物、阴部疼痒等；

皮下脂肪增多。

当发现男孩子有以下情况出现你就要注意了:

阴囊增大、着色;

阴茎增长;

睾丸增大;

有频繁的阴茎勃起现象;

腋窝、上唇、阴部出现长而细、色浅的长毛;

高声和出现喉结;

乳晕着色、增大;

乳头出现硬节和胀痛;

身高增长加速和骨盆发育。

建议:父母应常与孩子一起洗澡,这样,大人不但可以在很自然的情况下了解孩子的成长,随时观察孩子发育的情况,同时也可以促进亲子交流。

除以上观察检查外,孩子 10 岁以前身高增长突然加速,往往是性早熟的一个信号,此时家长不应盲目乐观。

如怀疑孩子有这方面的问题时,家长应及时带孩子去医院咨询、就诊。如果孩子被确诊患性早熟后,家长除积极配合医生治疗外,还应给予孩子各方面的关心和爱护,并对其进行适当的性教育,使孩子了解自己疾病的真实情况,消除精神压力。

☆引起儿童性早熟的生理原因有哪些

首先让我们了解一下人脑如何控制人生殖系统的发育。

人生殖系统的发育和功能的维持要受下丘脑—垂体—性腺轴的控制,也就是说要受脑子的控制:管内分泌的下丘脑分泌一种叫促性腺释放激素,其刺激垂体前叶分泌促性腺激素,即促黄体激素促滤泡生成激素,促使卵巢和睾丸分泌雌激素和睾丸酮,在青春期以前，小儿下丘脑分泌的促性腺释放激素量很少，因此垂体一性腺轴的功能处在低水平，10 岁左右，下丘脑分泌的促性腺释放激素分泌逐渐增多，而垂体分泌的促性腺激素随之也加大，致使性腺逐步发育，性激素水平也逐渐增多，而促使性器官发育和第二性征出现。

我们了解了下丘脑—垂体—性腺轴对人生殖系统的发育和功能的维持所起的作用，那么它们哪一环节发生问题均可引起性激素的分泌失调，当性激素分泌过早过多即可引起性早熟。

1. 中枢性性早熟：由于中枢器官异常分泌而引起的性早熟，主要原因是：

(1)反馈性性早熟：即体质性，女孩多见，下丘脑—垂体—性腺轴不明原因而致的提前发动，致使性激素增多，性器官提前发育，称为特发性或体质性真性性早熟，较多见。

(2)下丘脑—垂体病变，致使各种性激素分泌过多，如错构瘤、神经母细胞瘤、松果体病变、中枢神经系统感染或损伤。

(3)脑先天畸形，如脑积水、脑穿通伤。

(4)少数原发性甲状腺功能低下。

2. 外周性性早熟：由于脑中枢以外的原因而引起性激素分泌过多，造成性早熟的，原因可有：

(1)肾上腺病变：如肾上腺皮质增生、肾上腺肿瘤。

(2)性腺肿瘤：如卵巢肿瘤、畸胎瘤、睾丸瘤。

(3)外源性：含激素的药物、食物，化妆品使用过多。

☆儿童性早熟的病理原因

1. 颅内来源的性早熟

下丘脑或垂体病变导致的生殖道发育或功能的过早出现，除了卵巢卵泡成熟与排卵发生过早外，与正常儿童的发育相同。大多数颅内来源的性早熟为第三脑室底部的病变或肿瘤，这些病变常累及下丘脑后部，尤其是灰质结节：乳头体及视交叉部，先天性脑缺损或脑炎可伴发性发育成熟过早的征象。神经学检查常可确诊。Mc Cune—Albright 综合征的性发育过早，伴有多骨性纤维性发育不良、皮肤色素沉着及其他内分泌失调，为下丘脑的先天性缺陷。

有些患儿与颅内疾病有关的性活动，最初可无神经系统症状。从许多颅内病变起始的性早熟类型看，发现障碍的部位与特征非常重要。

由于颅内疾病引起的性早熟可解释为下丘脑后部具有抑制由垂体前叶产生促性腺激素及其释放的能力，因此，下丘脑后部的病变可破坏或抑制某些通常调节通向垂体后叶腺体刺激强度的机制，使下丘脑对垂体的控制作用被解除，从而增加促性腺物质的产生，导致性腺的活动和性的成熟发育。在其他的病例，则可因垂体的直接刺激而致。

2. 原因不明的性早熟

约有 80%～90%的体质性性早熟无明显原因。按病因分类常被归于中枢神经来源的性早熟，因病人可能有小而未经证实的下丘脑病变。有些患者有性早熟的家族史。称此种情况为原因不明是恰当的，因关于此型性早熟的来源的确知之甚少。

3. 卵巢肿瘤所致性早熟

卵巢瘤作为性早熟的原因值得强调，但在儿童期实际上以女性化肿瘤为常见。

在儿童期多数女性化间叶瘤，在身体发育与骨龄中的快速增长随同青春期女性化体型、生殖器的成熟及乳房的增大而发展。阴毛出现，但不如真性性发育过早者多。盆腔肿瘤常不能触及。阴道分泌物增加，阴道涂片显示雌激素效应增强，有不规则阴道流血。产生雌激素肿瘤所致性早熟之发生率，较原因不明者为高。

尿雌激素及17酮类固醇水平可高于同龄正常儿。但此类病例一般无排卵，不能妊娠。偶有卵泡性非肿瘤性卵巢囊肿可导致性早熟。切除囊肿(内含大量雌激素)可缓解性早熟的发展，但如有性腺残留，则小囊肿仍能增大，性早熟现象又可继续。

4. 其他原因性早熟

产生激素的肾上腺肿瘤，可引起异性或混合型性早熟。外源性雌激素多由于用药不当或其他来源。幼女误服其母的避孕药丸偶可致性早熟；甲状腺功能低下的患儿偶亦可发生性早熟。后者由于甲状腺激素与促性腺激素之间存在着交叉性反馈作用，而垂体分泌促性腺激素过多所致。

5. 暂时性性早熟

少，但不罕见。患儿常有一种或多种第二性征加速发育。此类儿童多数出现身体发育及乳房发育(约50%)。有阴道流血者达45%。阴道穹窿部涂片，上皮细胞呈明显的雌激素效应。此种性发育过早现象持续数月可恢复正常发育，以后于正常年龄进入正常青春期。

偶有子宫内膜对雌激素非常敏感者，可致子宫出血而无其他性早熟现象。妇科检查不能明确子宫出血的真正原因，激素测定亦正常。子宫出血于恢复周期性数月后，自然停止。

对暂时性性早熟或过早子宫内膜效应的患儿，应密切随诊数年，直至排除其他(包括子宫出血)非常原因。

☆儿童性早熟增多的外源性因素

根据医学家和儿童教育家十余年来对大量性早熟患儿的观察与分析，促使当前儿童性早熟发病率上升的外源性因素主要有如下几种：

1. 生长发育的长期加速趋势

这一代儿童由于营养的改善、家庭生活条件优越、疾病减少等环境因素的作用,使其生长发育的潜力能充分地表达出来,出现了生长发育的加速趋势,导致这一代儿童及青少年普遍地比上一代身高长得高,性发育及性成熟提前,这是目前我国的社会经济快速发展的反映,属正常现象。但是人群的青春发育时期存在显著的个体差异,如果过于提前则导致性早熟。上一代或上两代人,乳房发育大多在12～13岁开始,月经初潮则大多在15～16岁出现,这一代的孩子10岁就开始乳房的发育,10岁已出现月经初潮,则要诊断为性早熟了。在整个一代人生长发育加速的趋势和背景下,这些过于提前的个体数量也自然会相应增多,这可能是当前儿童性早熟发病率上升的主要因素之一。

2. 环境类激素作祟

近年来国外有大量文献报告,洗涤剂、农药及塑料工业向环境排放的物质及其分解产物,可在自然界产生一系列类激素污染物。如洗涤剂中的烷基化苯酚类,制造塑料制品过程中使用的添加剂、增塑剂邻苯二甲酸酯类及双酚A等,多达七十余种,这些物质每天都被大量排放到环境中。此外,有机氯农药虽然目前已很少使用,但是当时的大量施放,至今在土壤、水及植物中的残毒量仍然较高,这些污染物在自然界降解到一定程度后,被发现具有雌激素样的活性。它们在自然界中的浓度虽低,但是相互间的联合协同作用甚强。如果污染水源、食物或经皮肤吸收,被儿童摄入,即可引起生殖器官及骨骼的发育异常。因此,环境类激素污染物可作为假性性早熟的直接病因。如果在胚胎早期受到此类物质的作用还可导致性别分化障碍。

3. 盲目进补摄入含有性激素的食物或药物

据专家分析,性早熟与太讲究进补有关。近年来各种"保健品"、"滋补品"争相上市,其适用对象应为成人,尤其是中老年人,但是不少家长错误地将其作为健康投资，给年幼的儿童也长期服用。已经证实，含有蜂王浆、花粉、鸡胚、蚕蛹等的制剂中，均存在较多的性激素，甚至促性腺激素样物质，如果长期大量服用，可引起血液中性激素水平上升，导致假性性早熟。煲汤是非常具有代表性的广东食文化，也是广东人的烹饪强项。他们当中有许多人在煲汤时将动物内脏一起煲，其中动物的甲状腺、性腺等内分泌腺体含有激素物质，通过进餐可进入人体。对于下丘脑—垂体—性腺轴提前启动的真性性早熟患儿来说，也可成为其发病的重要促进因素。

4. 误服避孕药

一位5岁的小女孩，以为妈妈服的避孕药是好吃的糖丸，便在妈妈不注意的时候吃了6丸，结果来了月经。当时家长很紧张，到医院后经对女孩进行内分泌检查，测出雌激素增高。这种现象已屡见不鲜，尤其在农村发生较多。虽然经过药物调整治疗，女孩的病情得到了缓解，但家长们一定要引以为戒，千万不要把避孕药放在儿童拿得到的地方。否则，即使是七八岁的孩子，哪怕只吃1丸也有可能诱发性早熟。

5. 社会心理因素的影响

现在的社会是个媒介高度发达的信息社会。孩子不但可以从电视中获取到大量具有性暗示的画面，而且可以从报纸上、网络上接触到性信息。报纸上刊登有各种声讯电话，网络中随时还可以接触到黄色信息，还有一些成人VCD，儿童接触多了，都会过早刺激到儿童心理，最终使他们提前产生性早熟。一些家长，常当着孩子的面，说订娃娃亲或将孩子嫁给谁一类话题，殊不知，这些话会对儿童的性萌动和性意识的觉醒产生意想不到的作用，甚至有可能导致儿童性早熟。从统计资料看，较闭塞地区比开放地区的性早熟患者要少得多，农村患儿明显少于城市患儿，农村女孩较城市女孩月经初潮年龄明显滞后，这些都是社会心理因素起作用的明证。

6. 学习压力因素

研究证明，孩子学习压力大、作业多，常常很晚还不休息，熬夜行为会导致人体内退黑激素的分泌减少，进而引发性早熟。

7. 疾病因素的影响

受某些疾病（如颅内肿瘤、遗传等因素）的影响，儿童也会出现性早熟。

☆造成男孩性早熟的常见原因

男性未到性成熟年龄而出现性成熟表现，称之为性早熟，男性性成熟的标志是男性生殖器发育为成人型和男性第二特征的出现，如睾丸阴囊增大、阴茎增长变粗，出现阴毛、胡须、腋毛，声音变粗且低沉、喉结变大，身材长高，甚至出现阴茎勃起、排精现象等。男孩在10岁前出现如上特征，可诊断为性早熟。丘脑—垂体—性腺轴的正常活动，能促进性器官的正常发育和性功能完善，如果有某些因素影响该轴的正常活动，就可能破坏性发育的规律，而产生性早熟和性晚熟。

男孩性早熟的主要原因有：

1. 脑型真性性早熟：如颅底骨折、严重产伤、下丘脑小肿瘤、结核性脑膜炎治愈后、麻疹脑炎后遗症等因素所致。

2. 体质型性早熟：病孩多有家族史，由于下丘脑—垂体—性线轴提前活动所致，又称原因不明性性早熟。

3. 假性性早熟：如肾上腺皮质增大、肾上腺皮质肿瘤、性腺功能性肿瘤、绒癌及胚胎组织肿瘤，由于病变及肿瘤本身能分泌性腺激素或促性腺激素，使性器官发育而出现性早熟，又如小孩误服母亲的避孕药，也可以产生外源性早熟。一旦发现男孩性早熟，应到医院及时检查，因为男孩性早熟时，伴有肿瘤的机会比女孩大得多，所以不可掉以轻心。

☆儿童性早熟不容忽视

几年前，性早熟只是一个医学名词，如今已悄然逼近了孩子，成为目前最常见的小儿内分泌疾病之一，而且发病率呈上升趋势。

性早熟可使儿童产生心理行为和体格发育两方面的危害。

从心理上来说，性早熟的小孩对自己的身体变化感到不解，常常会觉得自己和同伴不一样而产生如自卑等心理问题。由于自制力不足，心智不成熟等原因，容易使小孩早恋，甚至产生如小女生怀孕、小男生性犯罪等社会问题。

从生理上来说，性早熟的小孩通常长大后的身高普遍偏矮。

性早熟是一种内分泌疾病，是青春期发育异常的一种表现。在临床上，真性性早熟只占少数，而大多数患儿均属假性性早熟，大部分可表现为单纯的某一种或几种性发育征象。真性性早熟较难治疗，只能采用药物控制。

性早熟和其他疾病一样，应及早发现及时治疗，绝大多数的性早熟是可以治好的。家长如怀疑有这方面的问题时，应及时带孩子去医院咨询、就诊。

孩子一旦被确诊性早熟，家长除积极配合医生治疗外，还应给予孩子心理上的关心和爱护，并对其进行适当的性教育，使孩子了解自己疾病的真实情况，消除精神压力。

☆儿童性早熟的几大诱因

诱因一："吃"出来的性早熟

大多数性早熟患儿只是单纯性乳房、臀部、外阴及生殖器外观性增大，女孩多见，约为男孩的4～5倍。究其原因，这种"丰乳肥臀”大都是吃出来的。一些生产肉、禽、蛋类食品的商贩，为了多产肉蛋，便在饲料中添加激素促使家畜早早成熟，例如鸡、鸭、猪、牛每天吃着饲料生长素，瓜果、蔬菜也可以用激素催熟，黄鳝靠雌激素饲养长得又肥又大。如果儿童长期进食这类食品，则有可能造成性早熟。

诱因二："补"出来的性早熟

性早熟还与太讲究进补有关。在人们常用的补品中，花旗参、蜂胶等都富含激素，市面上流行的多种儿童维生素营养药片等类似营养保健品，也含有相关的诱发儿童性早熟的物质。小孩子患病后，很多家长自作主张给孩子吃补药，其实大多数孩子患病后恢复很快，除非是慢性病，基本上不需要进补。

另外，有些家长不分析儿童厌食的真正原因，盲目地给不爱吃饭的孩子服用可以增强食欲的保健品。殊不知，一般能够增加食欲的保健品常常含有激素成分，长期服用会引起儿童血液中激素水平上升，进而导致性早熟。还有的家长为了给孩子加强营养，让孩子长高，听信广告上的宣传，买来一大堆所谓的营养品给孩子食用，时间一长，孩子还真的长高长胖了，同时问题也来了。据有关部门提供的一份对全国各地“食”字号营养品的检测结果显示：七成以上含有性激素。这些营养品中的性激素，激活了小儿处于蒙昧状态的生殖系统，性器官出现了明显变化，长出了“丰乳肥臀”。

诱因三："涂"出来的性早熟

有的乳母在乳房上涂抹含有激素成分的丰乳膏，婴儿吮吸母乳后，连同激素一起食入，也会诱发性早熟。还有的年轻妈妈常给孩子使用成人用的洗面奶、珍珠霜、增白粉蜜等含有激素的化妆品，激素通过皮肤吸收到体内，易使孩子性早熟。

诱因四："看"出来的性早熟

除生长发育加速、环境污染影响以及摄入含有激素的食物外，社会心理因素也是导致儿童性早熟的重要原因。现在社会上的各

种传播媒体,如电视、电影、报纸杂志中,与性有关的内容比以前显著增多,儿童耳濡目染,不由自主地被潜移默化,他们比上一代人普遍“开化”得早。由于人的大脑皮层与下丘脑之间存在丰富的神经联系,所以会造成下丘脑—垂体—性腺轴的启动相应提前。从统计资料看,较闭塞地区比开放地区的性早熟患者要少得多,农村患儿明显少于城市患儿,农村女孩较城市女孩月经初潮年龄明显滞后,这些都是心理因素起作用的明证。

诱因五:“处”出来的性早熟

美国和新西兰心理专家的一项联合研究发现:父女关系的好坏会直接影响到女孩青春期发育:要么促使女孩正常或提前到达青春期,要么延迟女孩跨入青春期的门槛。

有关专家调查了美国173位女孩及她们的家庭,研究表明,与父亲关系特别好的女孩青春期发育迟于那些与父亲关系一般或不太好的女孩。另外,遗传基因和饮食、锻炼,以及家庭关系等社会因素也同样会影响孩子的生理发育。

研究人员发现,随着女孩年龄的增长,年幼时女孩与父亲之间关系的好坏与她们进入青春期的早晚有十分密切的关系。虽然母亲与女儿的关系也会对孩子青春期发育产生影响,但结果却远不及父亲对女儿的影响大。

没有父亲的女孩或受到父亲辱骂的女孩,其青春期发育较早;而父女关系较好的女孩青春期发育较迟。这表明父亲在生活中对女儿关心程度的高低和情感投入的多少,不仅影响女儿的生理发育,还会影响到女儿的心理发育。

诱因六:“误”出来的性早熟——误服避孕药

苗苗今年7岁,从小就跟爷爷奶奶一起住,奶奶是村里的计生员,家里常放有避孕药品。一次奶奶不在家时,她偶尔拿了一粒避孕药吃,并喜欢上了这个有点像糖的东西,并趁着老人没有发现的时候,偷偷地拿出来,到村里和其他小伙伴分着吃。没想到,没过多长时间，奶奶在给苗苗洗澡时发现，她的乳晕竟然明显增大，她还直喊乳房胀痛。送去医院后，才知道苗苗这是性早熟的表现，而和她一起吃过避孕药的孩子都出现了性早熟的现象。

诱因七："激"出来的性早熟——食用含激素食品

4岁的勇勇和他3岁的小表妹玲玲，近日被一起送进了医院。在门诊上，医生发现，这两个孩子的生理状况明显有异于同龄的孩子：玲玲乳房胀大，下身有流血现象；勇勇嘴上则长出了胡子，嗓音变粗，仿佛到了青春期的少男少女。据了解，这两个孩子的父母都是卖水果的商贩，只要孩子爱吃，就尽量满足，各种提早上市的水果经常大袋拎回家。医生分析认为，这两个孩子所出现的生理异常与此有关。早熟水果大多是经过一些含有"激素"的药物催熟的，而食用此类水果有可能导致孩子发育异常。

☆肥胖是儿童性发育的隐性杀手

据有关资料介绍：目前全世界约有7千万儿童患有肥胖病，每5年人数还会增加1倍，其中我国大陆肥胖儿童占儿童总数的10%，尤其是近5年来竟比以前增加了3倍，且仍以每年7%～8%的速度递增。

"孩子肥胖是病不是福"已为不少家长了解，但大家是否知道：除了可能导致一系列常见的身心疾病外，儿童肥胖还可能导致性无能、生殖无能呢？

专家指出：生活的任性和父母的无知造就了一个个小胖墩儿，脂肪过度堆积又会形成脂肪瘤，它们在体内到处"安营扎寨"。而一旦"入住"性的"司令部"——脑垂体，性激素分泌就会受到严重影响。处于性发育期的孩子脑垂体分泌功能遭到抑制，其性发育将可能永远停留在童年。

这类患儿，男孩的症状多为：脸色成灰白色、臀部宽、胸脯肥

大、皮肤细嫩、第二性征缺乏。女孩最明显的特点就是皮肤粗糙、头发黄、腹部大、懒惰 、脾气急躁呈男性化。

毋庸置疑，这些孩子成年后势必面临许多难言之隐。男性由于雄激素的产生受到抑制，会出现勃起、性交和射精困难等障碍。女性由于卵巢功能受到明显的影响，会出现月经异常，甚至不孕，还可发生内分泌紊乱，使更年期提早出现，后果不堪设想！

面对肥胖可能对性方面带来的危害，防患于未然方为上策。肥胖儿童从 7 岁起，每年至少应去医院接受一次专科检查。随着年龄的增长，每年必须增加一次检查；到 12 岁时，每年应该接受6次检查。

检查内容包括体重、身高、腹围、内外生殖器、第二性征等。同时，家长也应对孩子进行性教育，以便及时发现孩子的异常。男孩 12 岁半、女孩 11 岁半为性成长期。一旦发现孩子有性发育方面的问题，家长应立即带其去专科医院就诊。

一旦确诊为垂体受侵犯，家长们最迟一定要在 12 岁半前带孩子去医院就诊，立即采取减肥、脱脂、内分泌调节等治疗措施。这样，不仅使孩子的体重有不同程度的减轻，而且其“搁浅”的性发育也会重新启动，他们还可以像正常的孩子一样生活和学习。否则过了 12 岁半，身体虽然还在长，性器官却不大长了，此后就医，只能是改良，无法根治。这是所有的医生和家长不愿意看到的。

如果您的孩子并未罹患此疾，庆幸之余也不可掉以轻心。作为家长，首先要科学地安排好孩子的衣食住行，不能随心所欲地去满足孩子饮食上的过分要求。不要给孩子过剩的营养，孩子成长并不是营养越多越好。人体的需求是有限度的，过度只会导致肥胖！其次要注意让孩子参加体育锻炼，适当参加劳动，这是强身健体的根本。第三则要定期检查性发育情况。请记住，男孩子 12 岁半以前治疗效果最好。

☆激素水果可导致儿童性早熟

细心的家长会发现，近年来市场上的水果个头越来越大，但买回来一尝，可能会大失所望。这是因为这些水果使用了含有激素的肥料。

有关专家提醒说，这样的水果尽量让孩子少吃。因为根据调查，近年来儿童性早熟现象突出，占儿科的就诊比例越来越大。比如男孩子早早长出胡须，女孩子的乳房变大、来月经早等特征就是性早熟的迹象，这些性早熟患儿以外源性性早熟为主，他们都与摄入激素类物质有密切关系。

那么如何辨认激素水果呢？一般来说，凡是激素水果，其形状特大且异常，外观色泽光鲜，果肉味道平淡。反季节蔬菜和水果几乎都是激素催成的，如早期上市的长得特大的草莓、外表有方棱的大猕猴桃，大都是打了膨大剂；果梗是红色的荔枝和切开后瓜瓤鲜红却瓜子不熟、味道不甜的西瓜等，多是施用了催熟剂；一些特大的无籽大葡萄多是因为喷了雌激素的结果。

☆催熟的水果易致儿童性早熟

正规的反季节水果是人们利用制造的环境条件，营造出一定的温度、湿度、土壤条件种植的。比如番茄正常的种植时间是在春天，初夏上市供应，但是如果用温室栽培，也可以提前到春天、甚至是在冬天食用；葡萄的正常产期是在夏天，通过温室大棚种植，葡萄在春天也可以出产，这些反季节水果同样具有丰富营养和香甜口感。如果是采用无公害食品规定栽培的反季节水果蔬菜，技术上能够得到保证，其品质和正常季节的产品并没有多大区别。

但是，催熟水果是被添加了化学物质催熟、保鲜的问题水果。

有些是反季节的;有些是离成熟期不远时,有的果农为了提前几天把果子上市卖个好价位,而"下药"把果子催熟的。这些催熟水果危害儿童发育,导致儿童性早熟就是其罪状之一。

☆多吃味精易致儿童性早熟

味精是增加菜肴鲜味的主要调味品,它不仅使菜肴美味鲜香,而且还是人体必需的营养素。它是从含蛋白质、淀粉丰富的大豆、小麦等原料中提取的谷氨酸钠制成的。人体食入后可转变为L—谷氨酸,是蛋白质最后的分解物,能直接被人机体吸收利用,并有促进脑细胞、神经细胞发育的作用。但正因为味精的主要成分是谷氨酸钠,所以小儿不宜多吃味精。医学专家研究发现,大量食入谷氨酸钠,能使血液的锌转变为谷氨酸锌,从尿中过多地排泄体外。锌是人体内重要的微量元素,具有维持人体正常发育生长的作用,对于婴幼儿来说更是不可缺少的。一旦造成急性锌缺乏,就会导致弱智、暗适应失常、性早熟、成年侏儒症等。

一些年轻的父母见孩子厌食或胃口不好而不愿吃饭时,往往会在菜中多加些味精,以使饭菜味道鲜美来刺激孩子的食欲。这种做法是不可取的。一般1岁以内少用味精,出生12周内忌用味精。同时家长应给孩子多吃些富含锌的食物。含锌丰富的食物有:牡蛎、鲱鱼、瘦肉、动物肝脏、豆制品、花生、苹果、茄子、南瓜、萝卜等。

☆过分补充微量元素易引起儿童性早熟

近年来,性早熟患儿明显增多,有关专家分析认为,很多家长过分给孩子补充微量元素,是导致性早熟的一个重要原因。

专家认为,现在家长很注重给孩子补充微量元素,其实既然是微量元素,说明机体对这些物质的需要很少。目前市场上有些补充微量元素的保健品中,或多或少添加了激素或者是类激素的成分,过分补给,也容易导致儿童性早熟。

据报道,南京市儿童医院曾接诊过一名15个月大的性早熟女婴,已出现乳房发育、阴道流血等症状。细问病史后发现,孩子的母亲半年前为防止孩子缺钙,就一直给她服用一种补钙保健品。因给儿童补锌过多而导致性早熟的事例也多有发生。因此,专家提醒,不宜盲目给孩子补充微量元素;如确需补充,也应及时就诊,在医生的指导下科学补充,以免弄巧成拙。

☆营养过剩易致儿童性早熟

近年来,性早熟的发病率显著增加,已成为常见的小儿内分泌疾病之一。由于社会环境的影响和生活水平的提高,孩子的性发育普遍提前。据不完全统计,约有15%的儿童发育提前并出现性早熟趋势,其中女孩比男孩多4～5倍。很多家长对性早熟的危害还只停留在孩子的身体成长上,以为早熟无非就是发育提前,现在比同龄的孩子早“抽条”,以后身高受点影响而已。其实这种认识并不全面,更大的危害是,早熟更可能意味着早衰。

专家解释说,如果一个6岁的女孩乳腺开始发育,在没有治疗的情况下,她8岁就会来月经,骨龄的发育也就提前停止了。而且,到了30多岁,与她同龄的人年富力强的时候,她很可能会出现不该出现的衰老症状,如牙齿过早地松了、掉了,甚至还会出现子宫与卵巢提前老化、萎缩,更年期、绝经期提前到来等各种早衰症状。性早熟还会严重影响孩子的预期生活质量和生存寿命。所以,一定要及早防治。

孩子最好粗茶淡饭蔬菜常伴

在日常生活中,要防止青少年天癸生长过快,最好是“粗茶淡饭、蔬菜常伴”，即使身体虚弱，也不要过分进补，更不要随便给孩子进食人参、蜂王浆、燕窝、花粉、冬虫夏草、阿胶、鹿茸等补益之品。需要特别提醒的是，广东人一年四季喜欢喝的老火汤其实对孩子的早熟也有一定的影响。不少家庭煲汤都喜欢加些药材，一家人不分老少都喝同一锅汤，长年累月喝下来，大人是感觉滋润了，但孩子很可能喝出问题，甚至出现性早熟的征兆。

临床观察发现，不少患上性早熟的儿童饮食多以荤菜为主，不少孩子平时甚至不吃蔬菜。有些家长平时没时间陪孩子，对孩子进行补偿最直接的办法是想吃什么给什么，而得到补偿的孩子往往也控制不住，不少父母看着自己的孩子大口吃肉，心里美滋滋的，还以为吃得越多越有利于长身体，殊不知长年累月地过食补肾气的食物，最后却适得其反。

清代名医程国彭有句至理名言：“虚羸之体，全赖用胃，莫嗜膏粱，淡食为最，口腹无饥，真真可贵。”总之，要尽量避免孩子营养过剩，饮食应均衡。

☆肾气过足导致小儿性早熟

从中医的角度来说，人生长发育有一种重要的物质基础叫“肾气”，肾气不足或太过都会对儿童的生长发育产生影响。肾气不足，孩子身体虚弱，生长迟缓，性发育延迟；如后天补之太过，肾气过早充盈，过于亢奋，使肾的阴阳失去平衡，导致过早出现性发育。现在人们生活水平高，许多家庭顿顿都有鱼有肉，反而造成孩子营养过剩，肾气过足，因此出现性早熟的整体趋势。

其实，中医对肾气、肾精（天癸）与人体发育的关系早有很完整的理论。据《黄帝内经》所述，“天癸”控制着人体的生殖和繁衍，它产生于卵子与精子结合的一瞬间，并随着受精卵的发育而生长，一直跟随人体的发育而生长。到了男孩十五六岁、女孩十三四岁的时候，天癸便使男孩产生精液，女孩产生月经，生殖功能和性功能就具备了。性早熟意味着天癸达到顶峰的时间缩短了，势必会使人体的肾精提前衰减，如果不及早介入调治，人体也会随着提前走向衰老。

☆激情戏泛滥和吃肉多催生儿童性早熟

据深圳市妇幼保健院对全市5个区5000名1至3年级的小学生进行性发育情况调查统计，在6至8岁的孩子中，有5%左右的女童出现乳房发育，1%的男童出现男性特征等性早熟迹象。

对儿童性早熟的原因，妇幼保健专家分析后初步认为，电视、电影节目中激情戏太多，是影响孩子发育提早的主要原因，它无形中“污染”着儿童纯真的心理。一份统计资料也证实，儿童性早熟正以每年30%的速度增加，而该院专科每天诊治的近百名性早熟儿童中，约占三成是由于观看成人电视而引发的。

在被调查到的性早熟儿童中，爱吃肉是他们的共同特点。妇幼保健专家怀疑这与饲料中的激素残留在鸡肉、猪肉内有关。

☆可导致儿童性早熟的食品有哪些

1. 可入药的大补类食品

包括冬虫夏草、人参、桂圆干、荔枝干、黄芪、沙参等。尤其广东人，喜以药膳煲汤。中医指出，越是大补类的药膳，越会改变孩子正常的内分泌环境，造成身心发展的不平衡。

2. 禽肉，特别是禽颈

现今市场上出售的家禽，绝大部分是吃拌有快速生长剂的饲料喂养的，禽肉中“促熟剂”残余主要集中在家禽头颈部分的腺体中，由此，吃鸭颈、鹅颈，就成为“促早熟”的高危行为。

3. 反季节蔬菜和水果

冬季的草莓、葡萄、西瓜、西红柿等，春末提前上市的梨、苹果、橙和桃，几乎都是在“促生长剂”的帮助下才反季或提早成熟，一定要避免给10岁以下的儿童食用。

4. 油炸类食品，特别是炸鸡、炸薯条和炸薯片

过高的热量会在儿童体内转变为多余的脂肪，引发内分泌紊乱，导致性早熟；而且，食用油经反复加热使用后，高温使其氧化变性，也是引发性早熟的原因之一。每周光顾洋快餐两次以上，并经常食用油炸类膨化食品的儿童，性早熟的可能性是普通儿童的2.5倍。

5. 声称能使孩子“更高更壮”的儿童口服液

针对儿童市场的补剂和口服液，相当部分含有激素成分。这些激素使孩子在五六岁时长得比同龄儿童高大壮实，因为，他或她可能已悄悄出现发育势头，骨龄已达8岁或10岁。而等孩子进入正常发育阶段时，反而不见长了。专家指出，性早熟的儿童，进入青春期后身高将比同龄伙伴矮约10～15厘米。

☆儿童用成人化妆品易致性早熟

专家指出，成人化妆品用在孩子身上可能成为有毒品，家长切勿用自己的化妆品打扮孩子。儿童不宜使用化妆品，否则易使皮肤受到不良刺激，而且有的美容用品中含有一定量的雌激素，会导致儿童性早熟。

成人常用的几种化妆品，儿童都不宜使用。

1. 口红：含色素较多，对孩子细嫩的嘴唇会产生不良刺激，而且进食时易随食物进入胃肠，会影响孩子的胃肠蠕动和排空。

2. 指甲油：含有树脂、酯类香料，孩子用手抓食物时，易使指甲油入口，影响血液循环。

3. 护肤霜：颗粒粗大，而儿童的皮肤细嫩，使用后会阻塞毛孔或汗孔，影响皮脂或汗液的排出，容易产生丘疹、红斑，甚至感染。

此外，使用水分较少的化妆品会使儿童的皮肤粗糙，使用含有激素的化妆品，会引起皮肤过敏，甚至造成中毒。

专家建议，儿童使用的沐浴用品最好是“中性”或“富脂”，性能温和才不会洗去儿童皮肤上固有的皮脂。此外，夏季婴幼儿淋浴后，最好扑一些爽身粉，而儿童夏季使用的花露水最好不含酒精。

☆开灯睡觉可诱发儿童性早熟

中南大学中大医院儿科性早熟门诊部的专家指出，儿童性早熟除了常见诱因外，过多的灯光刺激尤其是夜晚开灯睡觉也可能引发。

光照过度是诱发儿童性早熟的重要原因之一，因为光线会影响大脑中的内分泌器官松果体的正常工作。松果体的功能之一就是在夜间当人体进入睡眠状态时，分泌大量的褪黑素，这种激素在深夜十一时至次日凌晨分泌最旺盛，天亮之后有光源便停止分泌。松果体有个特点，只要眼球一见到光源，褪黑素就会被抑制或停止分泌。儿童若受过多的光线照射，会减少松果体褪黑激素的分泌，引起睡眠紊乱后就可能导致卵泡刺激素提前分泌，从而导致性早熟。

儿童性早熟发生率正逐年增多，但真正因疾病导致性早熟的不足一成，90％的孩子发生性早熟是受外部因素影响，其中过度的灯光刺激应引起重视，尤其是孩子夜间睡觉时，如果没有特殊情况，最好不要开灯，且尽可能保证充足的睡眠。另外，还要避免长时间电脑显示屏的光照刺激，避免由此引发性早熟。

☆不良环境"催熟"儿童性早熟

很多家长都有带孩子去上班的经历,不少人有这样的体会:一些同事拿孩子当"开心果",拿孩子找乐儿,对孩子的影响并不好。一位家长就说,她带着4岁多的孩子去了单位以后,孩子就学了很多"大人话",什么"出来混"、"包二奶"、"抱粗腿"之类,甚至还学了一些"脏话"和"荤段子",这让家长很是担心。

不知道从什么时候起,电视综艺节目的形式中多了一种"小孩当嘉宾"的内容。主持人用一些奇怪的问题和表演形式来折腾孩子。说是让孩子展示才艺,实际上是孩子越能出洋相越好。有的节目中孩子们打扮得非常成人化,三四岁的孩子就去模仿摇滚歌星或是唱爱情歌曲。而主持人还会故意让孩子去做一些抛媚眼、搔首弄姿的动作。这些娱乐节目中的语言和行为,会被幼小的孩子当做模仿的对象,思想无形之中受到影响。

幼儿教育专家认为,孩子语言和行为上的早熟不可掉以轻心。孩子是大人的一面镜子,也是社会的一面镜子,别让孩子这面镜子里照出我们成人的不文明和不健康。

☆儿童性早熟有哪些危害

1. 性早熟的孩子身高偏矮。由于性早熟的孩子体格提前发育,骨骺愈合也提前,虽然开始阶段身材较同龄的孩子高,但最终性早熟的儿童的身高低于常人,典型的真性性早熟的往往达不到150厘米。性早熟会影响孩子的最终身高,是由于性类固醇分泌增加,会出现增长过度加快,身体发育和骨骼成熟早,骨骺提前闭合,性发育的前半期会促进生长发育,后半期则抑制生长,女孩在月经初潮后1年便停止了生长发育,导致身高偏低。

2. 性早熟对于儿童的心理发育也会造成影响。性早熟的儿童，在生理上已经成熟，但是，由于年龄太小，受教育不多，他（她）的心理是无法跟上生理成熟的步伐。患儿可能因自己在体型、外表上与周围小伙伴不同，而产生自卑、恐惧和不安。过早来月经的孩子往往精神十分紧张，影响其正常生活和学习。

3. 性早熟还会对儿童的性格造成影响。在10岁以前，是儿童性格的形成时期，如果发生性早熟，自己与众不同将给他（她）带来巨大的困惑，性早熟儿童会产生难受、不自在的感觉，还可能遭受同伴的讥笑后，就会产生自卑心理，时间久了，就会性格将变得孤僻，不愿与人交流和交往。专家认为，自卑和孤僻的性格，加上心理年龄与生理年龄的差异，往往是导致青少年早期出现性犯罪的诱因。

4. 性早熟还会对其自身和社会造成很大影响。

(1)发生早恋、早孕、早婚的风险增大；

(2)发生行为问题和素质下降的风险增大；

(3)学习成绩下降，认知能力、发育水平落后于同年级的学生；

(4)失学的可能性增大；

(5)接受教育的机会可能减少；

(6)成年后婚姻的稳定性下降；

(7)成年后获得工作成绩和丰厚经济收入的可能减少；

(8)自身健康的程度下降；

(9)造成家庭和社会的不稳定。

总之，性早熟可能造成对自身、家庭和社会的危害，而被称之为“公害性疾病”。

☆专家三提醒 谨防宝宝速长

提醒1：不要给宝宝乱补，随便服用那些所谓的“保健品”、“滋补品”,尤其切忌大量或长期服用。如果孩子有营养过剩症状,家长应向专业医生咨询,制定一个科学合理的营养食谱。

提醒 2: 不要因为担心自己的身高影响孩子而“病急乱投医”,盲目服用市面上的“增高剂”。家长要通过专业途径,明确诊断,对症下药。

提醒 3: 不要随意给孩子服用降铅药。尽管临床上认为“性早熟”与铅中毒有一定关联,但家长绝不能因此乱给孩子服用各类降铅药,有可能致使孩子体内铅不足,对长高起到副作用。如果怀疑孩子有铅中毒现象,要去正规医院化验血铅,在医生指导下合理降铅。二级铅中毒无须排铅,给予锌、钙的适量补充,就可以纠正。

☆女孩性早熟应早发现早治疗

当自己年幼的女儿身高增长迅猛的时候,做家长的会格外感到高兴——毕竟高挑的身材更漂亮;可是当看到还不懂事的女儿早早就来了月经的时候,家长却又吃惊又慌乱。

对妈妈的提醒

目前认为,女孩在 8 岁以前就出现了第二性征发育,10 岁以前即有月经初潮,这说明女性的青春期发育比过去提早了,这种情况都称为“女性同性性早熟”,简称“女性性早熟”。

忽然长高是“兆头”

小小年纪就出现了成年人才有的生理现象,会引起女孩子自身的恐惧不安,小朋友们的惊奇和议论,家长、老师的担忧。有没有什么提早出现的“兆头”,可让家长事先有所警觉呢?

有。出现这些症状的女孩子,她们的身高往往在年幼时明显高于同龄的伙伴,而随着年龄的增长,同龄伙伴们相继长高了,她们又变得相对较矮了。

出现这种情况,家长就不可麻痹大意地说:“咱们女儿先长,人家孩子后长。”实际的情形可能是：自从女孩子的性发育提早出现后，其身高猛增的起始时间及停止长高的时间亦同时提前了，这种长法导致女孩最终的身高相对矮些。

更为不良的后果是：这类女孩虽然生理上性发育提早，但是其心理发育并未提早，这就有可能受到社会上不良分子的性骚扰以致酿成不幸的后果。所以提醒家长(特别是妈妈)，要防患于未然。

日常生活需警惕

做妈妈的应该在女儿8岁前经常检查一下她的乳房是否发育，这是性征发育的第一步；如果出现了乳核，妈妈应及时带着女儿到医院检查、治疗，以控制早熟、改善最终的身高。

说到解除孩子及家长的心理负担，早发现、早治疗非常重要，能够得到比较理想的疗效。同时还要特别提醒家长：对真性性早熟的孩子，一定要给予特殊的关心和照顾，以避免不幸后果的发生。

日常生活中，不要给孩子吃成年人服用的补品，也不要把这类补品随便放在小孩子够得着的地方；少给孩子喝饮料；不让孩子接触到避孕药、含性激素的化妆品等；哺乳期的妈妈一旦服用避孕药，就不要给孩子喂母乳了。

☆性早熟的帽子不可乱扣

专家提出警示：对于刚刚叩响青春之门的孩子们，性早熟的帽子扣不得。

比起上一代的女孩子十五六岁才月经来潮，现在的孩子十一二岁月经来潮已成了常见的事。由于现代社会文化、经济的日渐发达，气候日益变暖，孩子们的发育也越来越早。

由于缺少必要的知识，现在的老师和家长对于孩子的青春期过于警惕，动辄就给这些发育偏早却属正常的孩子冠以性早熟的帽子，这样会令孩子背负上不必要的精神负担。专家认为，有些父母甚至领着孩子去医院门诊咨询是否是性早熟，虽然结果是孩子发育正常，但这却会给孩子留下心理上的阴影，使他们觉得自己是和同学们不一样的人。

☆家长应如何看待孩子性早熟

谈到性早熟，有些家长不以为然，有些家长则出现了不同程度的担心。那么性早熟对孩子的生长发育有着怎样的影响和危害，家长应该怎样正确看待孩子的性早熟呢？

总体来讲，由于青春期发育提前，性征提早出现，女孩过早地出现乳房发育，甚至月经来潮，而小儿年龄尚幼，生活上还不能完全自理，并且智力和性心理也尚未成熟，容易引发社会问题，也给家长造成精神和生活照料上的负担。另外，一些真性性早熟的小儿，虽然在性征提前出现的同时往往伴有骨骼生长的加速，表现为患儿身高暂时高于同龄儿童，但由于其骨骺提前闭合，生长提前进入减慢增长期，提前停止生长，所以成年后最终身材往往比正常人矮小。典型的真性性早熟患儿，约有半数最终身高不足150厘米。当然，对于一些性腺肿瘤、肾上腺增生或肿瘤引起的假性性早熟患儿，性早熟只是原发疾病表现的一部分，原发疾病本身还会给患儿造成很大的危害。

在日常临床工作中常常会遇到一些家长，由于缺乏对小儿青春期发育规律的认识，当女孩出现月经初潮，男孩出现胡须、阴毛和变声时才想到是不是患了性早熟。事实上，女孩出现月经初潮，男孩出现胡须、阴毛和变声是进入青春期发育后期的标志，也表明身高的快速增长期已结束，进入了减慢增长期。如果这时才来就诊，多数为时已晚，错过了治疗的最佳时机，最终身高的改善就十分有限了。因此，首先要了解青春期发育的一般规律。

青春期发育开始出现的时间个体差异很大。一般来说,对于女孩,最初出现的身体变化是乳房轻度发育,一般从10岁左右开始,随后是阴毛出现和月经初潮。月经初潮的平均年龄为13岁左右。此外,女性青春期还有骨盆逐渐长的宽阔,因而臀部增宽。男孩青春期发育一般较女孩晚2年左右,12岁前后睾丸开始增大,随后阴茎增大,阴囊皮肤变松、着色,阴毛、腋毛出现,接着出现胡须、喉结和变声。首次遗精的平均年龄大约为15岁。

那么,如何判断小儿是否已经开始青春期发育呢?

乳房发育是女孩开始进入青春期发育的标志。在刚开始青春期发育的女孩,乳晕下可扪及小的乳核。睾丸发育是男孩青春期发育的最早征象,因此,判断男孩是否开始青春期发育,首先要检查其阴囊中睾丸是否开始增大。青春期前,男孩的睾丸长径一般小于2.5厘米,如果长径大于2.5厘米,则表示男孩已开始进入青春期发育。

因此,作为家长,平时应该多关心孩子,而且心要细,观察要仔细,一旦发现女孩未到青春期发育的年龄乳房就开始提前增大,男孩提前出现睾丸、阴茎增大,身高增长加速,就应该及时到医院请有经验的儿科内分泌大夫诊治,以免延误最佳治疗时机。必须提醒家长朋友,对于真性性早熟,如果不予治疗,绝大多数患儿的病情是会发展的,性征和生殖器官的发育越来越明显,骨骼发育的加速及骨龄的提前更为加剧。家长不应抱有侥幸心理,消极等待、观望,以免错失治疗良机。临床经验表明,小儿性早熟的治疗效果与治疗是否及时密切相关。由此可见,早期发现、早期治疗是非常重要的。

☆儿童性早熟预防要则

明确儿童性早熟的发生原因和如何进行相应的药物治疗固然

至关重要，但是，防患于未然就显得更重要了。每位父母都有必要将“儿童性早熟的预防要则”作为“育儿必读”之一。

1. 了解性知识，及时进行性教育

家长必须清醒地认识到，性早熟儿童尽管体格发育和第二性征提早出现，但其心理状态往往滞后于其性征发育的年龄。性早熟患儿的身体和心理均处于儿童期，而在性的方面却已经步入青春期，俨然是个成人。过早的性发育使他们对性知识特别感兴趣，无论是性器官的结构，还是性功能的奥秘，都会倾注全力去探索和猎奇，甚至在一定程度上有性的要求，而这些儿童的智力和思维尚处于幼稚阶段，其自制能力相对较弱，有时会发生一些越轨行为，临床上已见到 7～8 岁的孩子发生性交，甚至已有怀孕的案例！父母应当充分了解这些变化，给孩子各方面的关心和爱护，并适时地进行性教育，使孩子充分了解自己疾病的真实情况，尤其是要防止女孩子成为性摧残的受害者，防止早恋和过早性行为的发生。

2. 及早发现，及时治疗

一旦发现孩子有性征的异常改变，应该立即带孩子去医院内分泌科或小儿科诊治。所以，多加观察、及早发现，并及时加以治疗，十分重要。

3. 明确诊断，对症治疗

性早熟诊断的目的在于明确病因，便于及时采取有效的治疗方法。例如，8％～9％的患儿属于特发性性早熟，但在确诊前必须排除其他原因：①详细询问病史、既往史、误用药物史、家族史，以及伴随症状(如头痛、视力改变、腹部不适等)和有无外伤史等。②全面细致的体检，包括体重、身高、乳房发育、阴毛生长及生殖器发育、腹部检查，必要时视具体情况进行肛门检查、腹部触诊，以明确有无肿块存在。③辅助检查：可拍摄手腕部的正位 X 线片来判断骨龄，了解骨骼发育的进度。进行激素水平(如血 FSH、LH、E_2)及 24 小时尿 17-酮类固醇的测定。对性早熟女童做盆腹腔超声检查，可以观察卵巢及子宫的发育情况，以及鉴别卵巢与肾上腺肿瘤，必要时也可考虑进行腹腔镜检查等。

4. 勿给孩子滥服营养滋补品

多年来，由于人们生活水平的不断提高，多数父母对独生子女的溺爱和对性知识的无知，以及受各种保健滋补品的虚假广告影响等，爱子心切的父母们常不惜重金购买诸如人参蜂王浆、蜂乳、花粉制剂，甚至西洋参口服液、双宝素、蛤蚧大补丸等营养滋补品给孩子服用，以为这样就可以增加营养，使自己孩子长得健而壮，提高脑力，变得更加聪明。然而，有些少男少女长期服用营养滋补品后，居然适得其反，出现了性早熟的各种表现，确实是父母们始料未及和追悔莫及的。少年儿童盲目进补，这不仅会妨碍患儿机体内器官的功能平衡，促使身体发育异常，而且还会导致许多难以治愈的疾病，并带来难逆性的心理障碍。

摄入外源性性激素（如上述的营养滋补品）是产生假性性早熟的主要原因之一。一旦停服这些制剂后，性早熟的征象就会逐渐地消退，如果能及早、适当服用一些中药也能促进恢复。

儿童不适当地进补引起的性早熟，已成为儿科临床的一个新问题，值得引起全社会的注意。为此专家告诫年轻的家长，不要让孩子经常或过量服用滋补品，即使是孩儿参、花粉之类的传统滋补品，也应在医生的指导下使用。儿童期的孩子处于一个旺盛的发育阶段，确实需要摄入大量的营养素（如蛋白质、脂肪与微量元素等），但是，只要做到一日三餐饮食得当和比例合理，根本不必服用滋补品。

预防儿童性早熟应从小开始，从家庭、社会、营养等多角度关注性早熟，尽可能减少或消除性早熟诱发因素。家长除掌握必要的医学知识外，平时应多观察孩子的生长发育情况，一旦发现异常，应及时前往医院就诊。

☆预防性早熟从日常做起

预防孩子性早熟，家长们应该如何注意呢？

专家指出，家长首先应该多留心观察孩子是否第二性征过早。孩子小小年纪个头却突然蹿了起来，有些家长还沾沾自喜，其实，10 岁以前孩子的身高增长突然加速，往往是性早熟的一个信号，此时家长应该及时带孩子去医院咨询、就诊。平日里，家长最好随时记录孩子生长发育的情况，比如，给孩子记录成长日志，在墙上或冰箱上做一个简单的标尺，每隔两三个月给他们量量身高，如果发现孩子一下子长了不少，就应到医院检查；女孩的家长更要细心观察，给孩子洗内裤时，如果有分泌物痕迹，也要带她们到医院检查。

适当控制饮食。要预防性早熟的发生，家长应注意少给孩子吃鸡肉、牛肉、羊肉、蚕蛹等，也不要滥用市售未经严格检测的所谓儿童食品。

避免营养过剩，尤其避免油脂多的食物，少吃甜食，但要保证蛋白质的摄入量，并应多吃些蔬菜水果。需要注意的是，让孩子避免进食可能含有性激素的营养品，也不要使用含有性激素的护肤品。

不要盲目给孩子滋补。不可盲目给孩子食用蜂王浆、花粉制剂、鸡胚等补品。

妥善存放避孕药物、丰乳美容品等，以免孩子误服或接触。

增加体育活动。尤其要加强锻炼下肢，每天应保证 30 分钟以上的运动时间，运动项目可选跑步、爬楼梯和跳绳。

保证充足睡眠。每晚应有八九个小时的高质量睡眠，以保证垂体在夜间能分泌足量的生长激素，因为生长激素对身高的快速生长有重要的促进作用。

专家强调，无论家长、学校乃至全社会，都应该创造良好的环境，比如不要让孩子过多接触与年龄不相称的视觉刺激，使他们的天性得到发挥，逐渐实现“本色”的回归。

☆儿童性早熟是可以治疗的

在确诊孩子得了性早熟后，孩子和父母都不用惊慌。专家说，儿童性早熟是可以治疗的。

在医生询问病史和必要的身体检查后，可以判断是真性性早熟还是假性性早熟，同时判断病情的严重程度，然后制订治疗方案。

目前在临床上，有中医和西医两种治疗方法。对于性早熟处于早中期的，一般可采用中医疗法，处于中晚期的，一般采用西医疗法。治疗可以在早期抑制第二性征的发育，延缓骨成熟的时间，防止骨骺早期闭合所导致的身材矮小。同时防止患儿出现心理和社会适应障碍，避免出现性伤害、早期性行为和早孕等现象的发生。治疗一直要持续到正常年龄的青春期出现为止。

☆性早熟儿童是否都需要治疗

性早熟中真性性早熟（分泌促性腺激素性）、假性性早熟（非分泌促性腺激素性）皆需经过明确诊断后进行治疗，而部分性性早熟（组织器官敏感性）可不必进行特殊治疗。

部分性性早熟包括单纯乳房早期发育、阴毛早期发育和月经早期发生，不伴有其他第二性征。其中最多见的是乳房早期发育，女孩 8 岁前任何年龄均可发生，但多在幼儿期发病。阴毛早期发育是由于肾上腺孤立性早期分泌雄激素引起，月经早期发生可能是子宫黏膜对少量雌激素的敏感性增加，可自然消失。以上三种情况都只孤立性地出现某一性征表现，而非真正中枢启动，也无中枢或周围性腺组织器质性病变，这些患儿无身高增长加速，无骨骺愈后加速，血雌激素水平可略高于正常，血 FSH 及 LH 正常，除阴毛早发育外，一般会自行消失，所以无须治疗。

但不治疗绝非不重视，应定期到医院检查，包括其他第二性征的变化、骨龄与身高增长情况，因为有少数患儿长期乳房早发育之后出现真性性早熟，或由于长期雌激素增高引起骨骺愈合的提前，一旦出现这种情况，必须采取积极措施进行治疗。

☆哪些类型的儿童性早熟应积极进行治疗

在三种类型的性早熟患儿中，除了部分性性早熟可不必处理外，真性性早熟和假性性早熟都有必要进行治疗。在真性性早熟中，有一部分患儿是由于下丘脑或垂体肿瘤引起，如松果体瘤、神经胶质瘤、错钩瘤等，这些患儿早期可不出现颅内压增高和神经压迫症状，如头痛、呕吐、视力障碍等，而先出现性早熟的征象。故及早诊断，切除肿瘤是相当必要的。另外一些分泌促性腺激素的肿瘤，如异位性松果体瘤肝母细胞瘤、绒毛膜上皮细胞瘤和假性性早熟中的睾丸和卵巢肿瘤等器质性病变引起，而作为特发性性早熟，虽然对生命无碍，但因性激素过早大量分泌，导致骨龄增长加快、骨骺闭合提前，生长早期停止，故这类患儿早期身高超过同年龄儿童，但到成人期反而矮小，形成典型的“高儿童，矮成人”的发育曲线。智力发育与其年龄相适应，但在精神发育和体格发育之间可有明显的不均衡性，可以有性行为的冲动，因为男性可有精子产生，女性可以排卵，所以可以出现“小爸爸”、“小妈妈”现象，这将给社会、家庭和个人带来极大的麻烦。

国外报道，有 7 岁的“爸爸”、5 岁的“妈妈”。再则，性早熟的孩子由于到成人期身材矮小，会引起自卑等心理障碍，所以对这些患儿进行早期药物治疗和心理治疗是十分必要的。

对先天性肾上腺皮质增长症，更应尽早明确诊断及争取早期治疗，最好在婴儿期甚至新生儿期就进行治疗，因为此症有多种类型，而其中95%以上患儿是由于先天性缺少一种肾上腺皮质激素代谢过程中所需的酶，称21-羟化酶，因酶的缺少引起男性假性性早熟，女性假两性畸形，应尽早用糖(和盐)皮质激素治疗。对两性畸形的女孩，则还应尽早作矫形手术，否则将给患儿带来严重的心理障碍。倘若婴儿期即开始治疗，一般可使患儿的生长发育达到正常水平，还可以防止假两性畸形进一步发展。

☆儿童性早熟如何治疗

儿童性早熟应早诊断、早治疗。治疗越早效果越好，根据不同的病因及类型，采取不同的治疗方法，持之以恒，定期复查，切莫认为难为情，讳疾忌医，或相信江湖游医，应及早到正规大医院就诊，以免错过最佳治疗时机。

1. 性早熟治疗的目的

①早期抑制第二性征的发育。②延缓骨成熟的时间，防止骨骺线早期闭合所导致身材矮小。③防止患儿和家长出现心理和社会适应障碍。④预防性伤害、性行为紊乱和早孕。

2. 性早熟的治疗方法

病因不同、治疗方法也不同。如发现肿瘤，应手术切除；如为外源性因素，应立即停止含有性激素类药物和食品的摄入；若为找不到原因的特发性性早熟，目前国内外采用促黄体生成素释放激素类似物进行治疗，常用制剂为达菲林、打必佳，此制剂能持续作用于受体，使性腺合成和分泌甾体激素显著减少，但这种抑制是暂时的、可逆的。治疗后，可使患儿乳房退缩，卵巢缩小，抑制骨骼的增长，最终提高患儿身高。次药物适于13岁以下的患儿，13岁以上者不宜应用。

部分性早熟，一般不需要治疗，但要长期追踪观察。每 3 至 6 个月复诊一次。

甲低伴有性早熟，肾上腺皮质增生症、肾上腺肿瘤、中枢精神系统所致性早熟，外源性（药物）性早熟，应分别给药物治疗、放射疗法、化学疗法治疗。

手术治疗：如性早熟的儿童有能触及的增大卵巢，有必要剖腹探查。如为卵巢囊肿应行剜除术。良性肿瘤保留卵巢是可能的。仅为单侧的、大而包膜完整的可动性卵巢瘤，最好行患侧输卵管卵巢切除术，并对对侧卵巢剖视活检。如对侧卵巢与子宫无肿瘤应予保留。腹水本身不应作为恶性或根治术的指征，但须例行腹水的常规化验与细胞学检查。包膜完整活动的粒层细胞肿瘤，行患侧肿瘤及附件切除后，可保留对侧卵巢，须做如前述之检查。恶性卵巢肿瘤经快速冰冻切片明确诊断，根据分期应行根治术。

真性性早熟的治疗药物有：早孕酮、醋酸宽普龙、达那唑、GN-RH 激动剂、睾酮、安体舒通、酮康唑、芳香化酶抑制剂 Fadr201 等。对多数体质型性早熟的女孩，可用甲孕酮 100～200mg，在月经周期第十四天肌注抑制月经，但不能阻遏其他成熟现象的加速。近年欧洲试用一种具有抑制下丘脑活动的抗雄激素制剂醋酸氯羟甲烯孕酮对治疗性早熟有效。目前还可使用生长激素促进身高增长。

性早熟性遗精的治疗：对于早熟性遗精的治疗，首先要查明病因，让患儿精神放松，家长配合，解除不必要的精神负担。药物治疗有两个方面，即促性腺激素释放激素的激动剂——黄体生成素释放激素的类似物，这类药物可以一直使用到正常青春期的来临。另外，对非促性腺激素依赖性早熟，使用雄激素拮抗剂可以改善过量雄激素的效应，例如可以用安体舒通 1.5mg/kg · d，分 3 次口服。但是，这种性早熟的儿童体格由于发育过早，骨骺过早闭合，到成熟时身高往往是矮的，应早期配合适当生长激素治疗。

性早熟患儿治疗还应辅以饮食与锻炼，饮食上避免食用油腻食物，少吃甜食，多吃水果蔬菜，避免食用含性激素的滋补营养品。性早熟儿童平时要保证充足的睡眠，加强体育锻炼，尤其要加强下肢锻炼，如跳绳、跳橡皮筋、爬楼梯等，以促进骨骼软骨细胞分裂增殖，有利身高增长。

☆中医如何辨证治疗儿童性早熟

中医学认为，性早熟的病变主要在肾、肝两脏，其发病原因主要是由于小儿肾的阴阳不平衡，肾阴不足，相火亢盛所致；也可因疾病或精神因素导致肝失疏泄，肝郁化火，肝火上炎，导致天癸早至，第二性征提前出现。据此辨证分型论治，可取得较好的效果。

肾阴不足证

证见：女孩乳房发育及月经提前来潮；男孩生殖器增大，有阴茎勃起。伴颧红潮热，盗汗，五心烦热，舌红少苔，脉细数。

治则：宜滋阴降火。

方用：知柏地黄丸加减。

常用药：知母、黄柏、生地、龙胆草、泽泻、牡丹皮、玄参、鳖甲、夏枯草等。阴道分泌物多者加椿根皮、薏苡仁；阴道出血者加旱莲草、茜草。

肝郁化火证

证见：女孩乳房及内外生殖器发育，月经来潮；男孩阴茎及睾丸增大，声音变低沉，面部痤疮，有阴茎勃起和射精。伴胸闷不舒，心烦易怒，嗳气叹息，舌红苔黄，脉弦细数。

治则：宜疏肝解郁，清心泻火。

方用：丹栀逍遥散加减。

常用药：丹皮、栀子、白芍、柴胡、龙胆草、夏枯草、枳壳等。乳房胀痛者加香附、郁金。

除辨证治疗外，孕妇及幼儿均应慎用补品，特别要告诫幼儿家长千万不要给孩子服用含有性激素类的滋补品，以预防假性性早熟的发生。患病之后，应及时就医，积极治疗，避免留下后遗症，如身材矮小等。此外，患儿家长要解除顾虑，注意保护儿童，避免造成身心的创伤。

☆药物治疗儿童性早熟的基本知识

目前治疗性早熟的药物较多，家长需对这些药物有一定的认识，并配合医生治疗。

1. 孕激素：在20世纪60年代初期开始用孕激素类药物治疗性早熟，常用的是安宫黄体酮，它能反馈性抑制垂体分泌促性腺激素，从而使性激素下降，性征消退。但是它有很大的缺陷，即不能改善最终的身高。该药可口服也可肌肉注射，用药后性征发育可以很快控制。对病情重的女孩，由于子宫较大，在开始治疗的第1～3个月内可能引起阴道出血，家长不必惊慌，这是因为体内雌激素水平降低使增厚的子宫内膜得不到支持引起内膜脱落所致。还要注意药物不能漏服，否则也会引起阴道流血。安宫黄体酮还有些副作用，如轻度肝功能损害、轻度高血压、体重增加较快等，对长期用药的患儿应定期查肝功能。还有一种同类的药物叫甲地孕酮(妇宁片)，其作用较强，用量小，副作用相对少。

2. 环丙氯地孕酮：它除了能反馈抑制垂体释放促性腺激素外还能抗雄性激素，故该药更适合用于男孩性早熟。用药后可使睾丸缩小，阴毛消退，生长速度减缓，早期应用有可能改善最终身高。

3. 炔诺酮：是一种高效的孕激素，它对女孩性早熟月经过多有很好的减少血量作用，只有少数病人有头晕、乏力与呕吐等副作用。

4. 睾内酯：可阻止雄激素向雌激素转化，使雌激素降低，常用于假性性早熟的治疗。

5. 酮康唑：是一种抗真菌药，近年发现它还能阻止孕酮转变成雌激素，从而抑制性征发育。用药后女孩在1～2周阴道分泌物可减少，乳房增大停止，1～3个月后阴道流血停止。男孩患者治疗后2～3周阴茎缩小，睾丸不再增大，然而该药若用量过大会引起肝功能损害。

6. GnRHa：自20世纪80年代中期国外用人工合成了一种促性腺激素释放激素类似物（简称GnRHa）后，对性早熟的治疗取得了重大突破。这个药物特点是用大剂量长期给药便可抑制性腺的"司令部"即垂体减少分泌促性腺激素，使性征发育得以控制。此药的另一大优点是能减缓骨骺过早融合，从而使最终身高得到改善。目前GnRHa有很多品种，国内有达必佳、伊那通、达菲林。每月只需肌注一次，十分方便，副作用少，但价格十分昂贵，每年需3万左右。

有一部分性早熟儿童有不同程度的生长激素缺乏，此外一些使用GnRHa的患儿有可能体内生长激素分泌受到抑制。对身高增长速度每年少于4厘米的性早熟儿童就可以试用生长激素。一般用6天停1天，采用晚间临睡前用药，皮下注射，注射部位可选择大腿、臀部或腹部皮下。每次注射部位应与上一次间隔1厘米左右，由于方法易于掌握，可由家长或孩子自己注射。

7. 中药：自20世纪70年代中期国内开始用中药治疗性早熟。如：

滋阴泻火方剂：有生地、玄参、黄柏、知母、龙胆草、炙龟板、夏枯草煎汤，一日1剂。

疏肝散结方剂：有白芍、柴胡、黄芩、玄参、香附、牡蛎、川贝、生地煎汤，一日1剂。

中成药:有大补阴丸、知柏地黄丸、逍遥丸等。

最近实验研究证明,滋阴泻火方剂可使患儿下丘脑－垂体－性腺轴亢进有显著减轻,骨骼成熟减缓,从而改善最终身高。

性早熟治疗需要家长密切配合,家长要关心小儿的生长发育,一旦发现性早熟的蛛丝马迹,就需立即到专科门诊检查。性早熟治疗是一个长期过程,家长要有耐心,一般到骨龄达到12岁时才可以停止治疗,过早停药会使病情反复,再用药效果会很差。

对病情较轻的患儿,仅用中药治疗即可,待性征消退后仍需用药加以巩固疗效,一般在10岁停药,停药后需长期随访,如有复发立即再用药。对病情较重的真性性早熟患儿需采用中西医结合疗法,或单用GnRHa治疗,一般在2～3个月后性征会明显减退,但需用药1年以上才会明显改善骨骼发育。对长期应用孕酮类激素药或达那唑治疗的患儿,家长要配合医生每3～6个月查一次肝功能,如发现异常应立即停药。

对性早熟儿童,当饮食中少钙,生长又较快,骨密度检查骨矿物质含量较低时,可以考虑在医生指导下适当补钙。此外,家长应适当控制患儿的饮食,避免营养过剩。鼓励患儿经常参加运动如跳高、跳绳、跑步、游泳、上楼梯等,运动有助于身高增长,使药物发挥更大的效用。

关于儿童肥胖症

☆什么是儿童肥胖症

什么是儿童肥胖症？儿童肥胖到什么程度才叫肥胖？有什么方法来衡量肥胖程度？

儿童肥胖症是与生活行为密切相关的，以营养过度、运动不足、行为偏差为特征，全身脂肪组织普遍过度增生、堆积的慢性疾病。当体重(KG)/身高$(M)^2$ 大于 20(即体重超过按身高计算的平均标准体重 20%)，或体重超过同性别、同年龄儿童平均体重 2 个标准差即为肥胖症。

儿童肥胖程度的分级：儿童的体重超过标准体重的 10%～19% 为超重，超过 20%～29% 为轻度肥胖，超过 30%～49% 为中度肥胖，超过 50% 为重度肥胖。

儿童肥胖症是可防可治的疾病，只要在出生前、出生后关键期做好预防工作，出现肥胖症后，注意保持健康、乐观的心态，多了解有关肥胖症的知识，强调儿童、家长、社会共同参与，建立科学的、循序渐进的、能为儿童接受的减肥计划，减少或减轻肥胖的目标完全可以实现。

☆判断儿童肥胖的标准和方法

1. 目测法

单纯性的肥胖症儿童，其脂肪分布特点为：男性主要聚积在头颈、脊背和腹部,女性主要聚积在胸部、腹部、臀部和大腿。目测法就是用眼睛看他们皮下脂肪并加以比较,来判断是否肥胖。

2. 体重测量法

(1)1～6 个月标准体重(千克)＝出生体重(千克)＋月龄×0.6

7～12 个月标准体重(千克)＝出生体重(千克)＋月龄×0.5

(2)1～2 岁标准体重(千克)＝年龄(岁)×2＋8

(3)计算标准体重的一般公式:标准体重(千克)＝身高(厘米)－105

3. 体重指数(BMI)

BMI＝体重(kg)/身高(m^2),此数值在儿童青少年期,随年龄而变化,BMI≥20 者为超重。在成年人,1998 年 WHO 公布的标准为:BMI 介于 18.5～24.9 为正常;25.0～29.9 为超重;≥30.0 为肥胖。其中 30.0～34.9 为Ⅰ度,35.0～39.9 为Ⅱ度,≥40.0 为Ⅲ度。考虑到亚洲人的遗传及环境因素和局部脂肪积聚的特点与欧美人不同,2000 年 2 月,WHO 西太平洋地区肥胖症特别工作组提出了亚洲成人体重分级建议,即:BMI 介于 18.5～22.9 为正常;≥23.0 为超重;25.0～29.9 为Ⅰ度肥胖;≥30.0 为Ⅱ度肥胖。

4. 皮褶厚度测定法

皮褶厚度——是直接测量局部体脂的一个方法。皮下脂肪厚度与全身脂肪含量的关系与年龄、性别、脂肪堆积量及测量技术有关。成人皮下脂肪占全身脂肪三分之一,在新生儿则占 70%～80%。目前国内尚无不同年龄组儿童皮褶厚度正常百分位数可参考。

体重过重和肥胖不完全一样。有的人体重过重确定是脂肪过多,而有的人是因为肌肉发达所致,皮脂厚度可以反映全身脂肪量的多少。所以皮褶厚度能代表皮下脂肪厚度,进一步可推算出身体脂肪量。

皮褶厚度也叫皮脂厚度，可用X线照片、超声波、皮褶卡钳等方法测量。常用的测量部位有三处：

(1)肱三头肌的部位：上肢在身体侧面放松下垂，在肩峰与尺骨鹰咀连续的中点、皮褶方向与上臂的长轴平行。成年男性大于10.4毫米，女性大于17.5毫米为肥胖；

(2)肩胛下角的部位：刚好在肩胛下角的下端，皮褶方向与脊柱成40度角。正常人厚度为12.5毫米，若大于14毫米为肥胖；

(3)腹壁皮褶的部位：腹部从脐旁5厘米处，沿身体横轴方向捏起皮褶测量，成年男性大于15毫米，女性大于20毫米为肥胖。

☆儿童肥胖的类型

常见的儿童肥胖可大致分为以下类型：

1. 遗传因素引起的遗传性肥胖

肥胖会有遗传，即父母肥胖，子女也会发胖。初生婴儿体重与小儿肥胖的关系也很密切。与先天的遗传基因有关，取决于脂肪细胞数目的多少和脂肪细胞所含的脂肪数量的大小两个因素。据有关报道，约有66%～80%以上的肥胖者有家族史。

2. 继发性肥胖

常因病理原因引起的肥胖，并带有特殊的症状，称为继发性肥胖，需要与单纯性肥胖加以区别。如因疾病引起的肥胖则应对症治疗，肥胖问题也就容易解决。继发性肥胖多因下丘脑或垂体病变、甲状腺功能减退、肾上腺皮质功能亢进、性腺功能减退以及胰岛性肥胖等引起。

3. 单纯性肥胖

指非特殊性疾病引起的肥胖，主要由于食物摄入多，消耗少，而造成营养过剩。我们通常所说的肥胖就是指单纯性肥胖。20

世纪 90 年代以来，儿童青少年单纯性肥胖成为儿童青少年体质研究者关注的一大问题。一些大中城市儿童肥胖比例逐年增加。单纯性肥胖形成的主要原因有以下几个方面：

(1)热量摄取过多：单纯性肥胖的主要原因是吃得过多，摄取的食物所含热量超过机体基础代谢、生长发育等能够消耗的需要，多余的营养物质特别是糖将转变为脂肪堆积体内，使机体脂肪增加，脂肪细胞增生。营养过剩是当今独生子女普遍存在的现象，也是儿童青少年肥胖的一个主要原因。

(2)不好运动或很少运动：许多肥胖儿童青少年的活动往往比体重正常者的活动量要小。据学者的调查发现有 67.5%的肥胖孩子平时很少活动，肥胖孩子在体育课上大部分时间是站着不动或只有轻微的活动。这样会因为运动过少而出现热量消耗减少，多余营养物质转化为脂肪储存体内从而使人发胖。已经肥胖的青少年由于体内脂肪堆积，身体有些笨拙，行动不便，某些活动受限制也越发不爱运动，热量消耗也减少，这样形成了一种增肥的倾向。

(3)体内脂肪细胞数目增多和脂肪细胞内脂肪含量增加：脂肪细胞在人的一生中有三个明显的增殖期：胎儿发育中出生前的三个月；婴儿出生后头一年内；青春发育期。在这三个时期，脂肪细胞很敏感，最容易引起大量繁殖。脂肪细胞数量的增多，主要在婴儿期，其后主要是脂肪细胞的体积的增大，且增多的数目不可能再减少。青春发育期适当注意不可营养过剩，这个时期也很重要，过度营养亦造成脂肪细胞再度增多和脂肪细胞的增大。所以说，肥胖了减肥的措施是必要的，防患于未然是更重要的，预防是关键。

另外，还有几种特殊类型的儿童肥胖：

皮质醇增多症：此病是由于垂体肿瘤、肾上腺病变等致使肾上腺皮质增生、皮质醇分泌增多所致。其肥胖的特点是：肥胖呈向心性脂肪分布，即颊部、颈部正中脂肪沉着明显，面部红润而有光泽，口角向下似鲤鱼嘴，四肢极细。患儿生长速度缓慢，最终身高较矮，皮肤细薄，易有紫癜和瘀斑，多毛(以面部、颌下和前臂较明显，部分患者体毛也增多)，阴毛和腋毛出现早，大腿内外侧、腹部和臀部有紫纹等。

肥胖-生殖无能症：此病因患儿曾患脑炎、脑膜炎、结核性脑膜炎、颅咽管瘤以及颅底损伤等致使下丘脑遭到损害所引起的肥胖。此病的特点是：①肥胖以颈部、躯干及肢体的近端(靠近躯干)部位最明显。男孩乳房区及臀部脂肪分布较多。②性腺发育障碍，有隐睾或阴茎、阴囊和睾丸不发育，至青春期仍很细小。女孩在青春期前不易发现性腺发育不全，至青春期无月经来潮，阴道、子宫均不发育。男女孩均不出现第二性征，无腋毛及阴毛。此外，病孩可有多饮、多尿、嗜睡、头痛、视力障碍和视野缺损等，但智力大部分正常。

劳—蒙—毕综合征：此病是一种遗传性疾病。临床表现有以下几个特点：①患儿自幼开始肥胖。②智力障碍，表现不活泼，性格和行为异常。③夜盲和视力障碍。④性发育不全，表现为性腺不发育，女孩无月经，男孩精子缺乏，可出现男子女性型乳房，青春期不出现第二性征。⑤有多指或并指畸形以及常有肾脏病变。

间脑性肥胖：此肥胖为间脑器质性病变、脑炎、结核性脑膜炎、脑积水、脑肿瘤等病变，侵犯或压迫下丘脑而引起食欲亢进或糖代谢障碍所造成的。间脑损伤所致的肥胖大多发生极晚，且呈普遍性肥胖。若做一下 CT 检查便可得到确诊。

性幼稚—肌张力低下—肥胖综合征：可能是常染色体隐性遗传性疾病。表现为：①患儿自出生后 6 个月起出现食欲增加，由于过食而逐渐出现肥胖，脂肪多沉积于大腿、臀部及腹部。10 岁以后常出现糖尿病。②出生后 6 个月前肌张力低下，反射消失，昏睡，哭声低弱，喂养困难；6 个月以后肌张力好转，可出现多食。③对周围环境反应迟钝，智力发育迟缓低下，2 岁以后才会行走。

④性功能低下，男孩常出现一侧或双侧隐睾，阴茎小，第二性征不出现。⑤表现为特殊面容，即前额窄，鱼口样嘴，小下颌，牙龄排列不齐，短颈，四肢短小以及斜视等。

药物性肥胖：儿童时期患有肾脏病或结缔组织疾病而长期大量使用糖皮质激素类药物，致使体内脂肪代谢发生异常而造成肥胖。肥胖是最突出的症状，脂肪呈向心性分布，面颊呈“满月脸”，面色红润，“水牛背”，四肢脂肪分布较少。此外，稍大的患儿可有毛发增多，如出现胡须和阴毛等，但停止使用糖皮质激素后，肥胖等症状可以逐渐消失。

总之，对以上扑朔迷离的肥胖，关键在于寻找病因，即病儿除肥胖外，有无其他特殊症状或体征，如发现异常，家长应立即带孩子去医院检查，以免耽搁病情，延误治疗。

☆儿童肥胖症：一个全球性的公共卫生问题

儿童肥胖正成为一个日趋严重的、全球性的、危害健康的公共卫生问题。据统计，儿童单纯性肥胖发生率，全球高达5%～40%。超重儿童和青少年中大约有60%患一种心血管疾病，到成年后有60%患各种慢性疾病。全社会要重视预防儿童肥胖，保证下一代健康发育成长。

肥胖——一个全球性的公共卫生问题

WHO认为，肥胖已与艾滋病、吸毒和酗酒并列为世界四大社会问题。20多年来，由于世界各地更多地使用了能量密集程度较高、营养价值差、高糖和高饱和脂肪的食物，以致北美某些区域、英国、东欧、中东、太平洋岛国、澳大利亚和中国等地人群的肥胖发生率上升了3倍以上。

国外儿童单纯性肥胖的发生率高达5%～40%。在美国22%的儿童是肥胖儿童，在西班牙10%的儿童超重。儿童肥胖正成为一个日趋严重的危害健康的全球性问题。越来越多的研究证实，儿童期肥胖约有一半到成年后也肥胖。儿童期肥胖对成人期各种慢性非传染性疾病的发病和死亡有一定的影响，并且大大地增加成人期发病率。60%的5～10岁的肥胖儿童到成年后，出现代谢紊乱、糖尿病、高血脂、高血压等疾病。

全球肥胖现象的两种趋势

肥胖现象最近出现了两种令人担忧的趋势：一是由第一世界向第三世界蔓延，二是逐渐向儿童青少年发展。在发展中国家里，营养不足和肥胖共存，在那里，儿童营养总体上的不足往往掩盖了发生肥胖症的事实。肥胖是一种具有很大成分的社会性和心理性的复杂的疾病，事实上它影响着所有年龄组和各个社会经济组的人群。儿童青少年超重和肥胖的人数正在激增，尤为令人担忧。

☆中国儿童肥胖的现状

据保守估计，我国目前至少7000万人遭受肥胖的困扰。我国国内的调查表明，目前，儿童单纯性肥胖在大城市超过20%，近五年来城市儿童肥胖增长率达到160%～400%，当今城市儿童的肥胖率为20年前的10倍。大中城市有近1/3的人有不同程度的肥胖症状，这表明我国儿童的肥胖问题应该得到重视。

1. 我国肥胖儿童分布状况

我国儿童青少年的肥胖检出率的快速度增长，成为大中城市儿童青少年最突出的问题。在全国，青少年肥胖率东北地区最高，为13.2%；华东地区次之，为12.2%；中南地区最低，为10.4%。在北京、上海等城市青少年肥胖高达20%，几乎每5个孩子中就有一个小胖墩。这就需要我们更努力地来解决小孩肥胖的问题。

2. 肥胖现象产生原因

随着我国国民经济的快速发展，人民生活水平的不断提高，加上我国计划生育工作卓有成效，特别是城市中一个孩子的家庭已十分普遍，“小皇帝”问题日益严重。城市肥胖儿童已占儿童总数的20％以上，并正以每年8％的速度递增。“小胖墩”增多给儿童带来的健康问题令人担忧。

☆儿童肥胖的发病原因

儿童肥胖由多种因素相互作用而发病，临床上分为单纯性肥胖症和病理性肥胖症两大类，其中单纯性肥胖症在儿童期最多见，大约占儿童肥胖总数的95％；病理性肥胖又称为继发性肥胖，是继发于其他疾病而产生的，仅占儿童肥胖的5％。单纯性肥胖的病因至今仍不十分清楚，一般认为与遗传、饮食习惯、生活方式、生活环境，以及神经内分泌与能量代谢等有关。

1. 遗传因素

单纯性肥胖有家族发病倾向，很多肥胖儿有家族肥胖史。父母双方肥胖，其子女大约有70％～80％发生肥胖；父或母其中一人肥胖，子女发生肥胖的几率大约为40％～50％；父母均为瘦体型，子女发生肥胖的可能性仅为9％～14％。这主要是因为儿童的活动量、饮食习惯可能受父母和家庭的影响。另外，静息和活动的能量消耗基础水平由遗传决定。某些肥胖家族的基础代谢值降低。父母双方或单方肥胖的子女，其基础代谢值低于体重正常父母的子女约10％，体育活动能量消耗低于正常体重父母所生子女的2倍。

近年来，学者们对肥胖病因分子生物学的深入研究，使我们对肥胖的遗传因素有了更清晰的认识。1994年学者们在肥胖鼠克隆出肥胖的瘦素基因，并定位于第6号染色体，之后的研究证实，人的瘦素基因位于第7号染色体上。1998年在神经肽家族中，新发现一类具有调节食欲作用的神经肽类激素—食欲素，其基因位于第17号染色体。此类激素主要分布在下丘脑摄食中枢，调节人们的食欲，与肥胖的发生密切相关。

2. 喂养方式及饮食习惯

喂养过度是肥胖的物质基础。过食，使过剩的能量转化为脂肪储存体内造成肥胖，而人体脂肪含量与食物中脂肪含量相关。婴儿期肥胖受出生体重、喂奶量和过早添加固体食品等影响。孕妇怀孕后期摄食过多、体重增加过速或患糖尿病，会使胎儿体脂过多和出生时超重。婴儿和儿童期摄食过度可以成为成人期肥胖的原因。饮食习惯、食品的质和量受社会和家庭的影响，目前我国各大城市中绝大多数家庭已步入小康，食物摄入可以任选所爱，尤其有些独生子女除摄食过度，尚偏爱荤食、油腻、甜食和零食，使能量更多储存，肥胖发生率增高。

3. 生活方式

久坐的生活方式是肥胖发生的重要危险因素。西方工业化国家久坐的生活方式，使肥胖发生率上升。近10年来，这种生活方式也在我国蔓延，例如学龄儿童缺乏运动，每天放学后必须完成大量的课外作业，或有的孩子长时间看电视。

现有观点认为，电视与肥胖有因果关系，电视中往往会介绍大量美味、可口的食品，使小儿食欲大增；而且在看电视过程中由于运动减少、代谢率随之下降，从而使肥胖发生。

4. 环境因素

环境因素影响肥胖是很复杂的，包括社会因素、家庭文化水平、经济基础、生活习惯、环境污染等和肥胖的发生都有一定的关系。在人们从贫困走向富庶的阶段，往往摄入碳水化合物过多，而蛋白质摄入不足，这种“小康型饮食”往往会导致营养不良性的肥胖。在发达国家，层次高的富裕家庭肥胖发病率低于层次低的低收入家庭。因为前者接受文化教育机会多，知道肥胖的危害，摄食以高蛋白、蔬菜、水果为主，重视体育锻炼；而后者对发生肥胖并无心理压力，选择食物多考虑口味，忽视体育锻炼。不发达国家，则富裕家庭中肥胖发病率高于贫困家庭，因为前者以食物的充沛和口味为满足，将肥胖与生活水平高相联系；而贫困家庭则因吃不好、吃不饱而肥胖发病率低。

5. 神经内分泌与能量代谢

肥胖的根本原因是摄食超量和能量消耗减少，造成了能量正性平衡的结果。现一致认为调节摄食的中枢位于我们大脑的一个特殊结构——下丘脑，其外侧是饥饿中枢、内侧核是饱足中枢。多种复杂的因素可作为信号物质，通过神经、体液向摄食中枢发出信号，促使其调节摄食活动。如食物的可得性、色、香、味等，通过胃肠道的感受系统向摄食中枢发出信号，从而引起食欲。在此过程中，体液中的葡萄糖、氨基酸等物质均可能参与调节。

6. 继发于其他疾病的肥胖

此部分的肥胖属于病理性肥胖。其肥胖的原因即是原发病。如皮质醇增多症、高胰岛素血症、甲状腺功能减退症、多囊卵巢综合征、劳－蒙－毕综合征、贝－韦综合征等疾病均可以导致肥胖表现。

☆孩子变胖家长是“帮凶”

不少孩子喜欢吃油炸类食品，虽然身体成了“小胖墩”，但爸妈仍不以为然，认为孩子多吃点，以后才长得高，直到去医院检查，才发现孩子的血压、血糖及三酸甘油酯等指数都过高，代谢症候群问题相当严重。

高达九成以上的父母不知道什么是代谢症候群，还有五成父母误解年纪大才会罹患代谢症候群。代谢症候群是一种代谢异常聚集的情形，症状包括：腹部脂肪蓄积、动脉粥状硬化、血脂异常、血压增高等。通常 10 岁以上的青少年，除了从血液测知身体代谢状况，最简单的方法就是由腰围大小窥出端倪。

12～15 岁学生，从腰围来看，男生在 83～85 厘米、女生在 75～78 厘米左右，就是代谢症候群的高危险群，这是因青少年饮食西化、摄取过量又缺乏运动有关，以致腰围横向发展。男生腰围每增加 1 厘米，罹患代谢症候群几率上升 14%；女生腰围每增加 1 厘米，罹患代谢症候群几率上升 5%。

少年儿童易成为小胖子，主因是吃得多，如正餐、零食吃很多，爱吃汉堡、炸鸡等高脂食物，又爱喝含糖饮料、尤其热量高的含糖饮料；动得少，如喜欢看电视、打电脑、做功课、体能活动少等。医生指出，特别是饮食习惯，常是造成小腹突出的主因。

一般人肚子饿会主动觅食，但常见家长自认小孩吃不够，拼命喂食，尤其是祖父母或外公、外婆惟恐孩子吃不好受了委屈，结果反而害得孩子营养过剩。还有，现在很多小孩跟着家长外食，因外食常隐含高量油脂，易造成小孩摄取过多热量，引发代谢症候群。

为此专家建议，12 岁以下的男女孩子腰围最好分别控制在 85 厘米、75 厘米以下。即使到 18 岁，男孩子腰围也需控制在 90 厘米、女孩子腰围在 80 厘米以下。父母要注意小孩的肚围是否越来越粗，腹部是否越来越大，测量、观察小孩的肚围，是最简便、实际的做法。

☆化学污染导致儿童肥胖

西班牙一项突破性的科学研究得出一个惊人结论：污染能够使人肥胖。科学家发现，如果胎儿在母体中受到杀虫剂成分等常见的化学物质的污染，那么他们将来变肥胖的几率会翻倍。

1. 变肥胖可能性翻倍

这项科学研究首次把化学物质对胎儿的影响与肥胖联系起来。目前，肥胖已经成为困扰多个国家，特别是发达国家的健康问题。全球至少有3亿人肥胖,英国有四分之一的成年人和五分之一的儿童肥胖。医学界认为,造成人肥胖的主要原因是他们吸收的卡路里比消耗的多,而饮食不当和缺乏运动是造成肥胖的关键因素。但是,单是这两点,似乎不足以解释为什么近年来肥胖问题在世界多国蔓延。

基因的差异造成人在新陈代谢上的差异,这使得有些人比其他人更容易长胖。但是,巴塞罗那医学研究所的科学家的最新科研成果显示,污染可能也会像基因差异那样,使得一些人先天就容易变肥胖。

科学家对403名婴儿出生前后脐带内所含的六氯苯(HCB)含量进行比较,然后再对这些婴儿的成长过程进行追踪调查。结果发现,HCB含量高的小孩,在六岁半前变肥胖的可能性是其他小孩的两倍。

六氯苯是一种杀虫剂,虽然在这项研究展开前已经被国际社会普遍禁用,但是其遗留的效力依然存在大自然中,并随着食物进入人体。

2. 警惕奶瓶和化妆品

科学家表示,这项研究的意义主要不在于找出一种化学物质与人体肥胖的联系,而在于让人发现接触各种化学物质对人体造成的影响。为此,他们呼吁应该将人类与类似杀虫剂的接触限制到最小。

此外,科学家通过试验也发现,很多化学物质被怀孕的动物吸收后,会导致它们生下的后代肥胖。这些化学物质包括有机锡——轮船防污油漆中一种常见的化学物质,而现在在大量海鲜体内都普遍存在;双酚A——广泛应用在婴儿奶瓶和婴儿食品罐头等日常用品中,以及化妆品、洗发水、食品包装塑料等日用品中普遍存在的邻苯二甲酸盐。

这些化学物质在人们日常生活中几乎无所不在,因此几乎每个人的体内都会含有这些化学物。据统计，95％美国人的尿液中含有双酚；90％的婴儿在母体中就接触到邻苯二甲酸盐，而西班牙科学家所检测的每一条脐带都含有六氯苯等杀虫剂成分。

3. 化学物改变人体基因

此前，美国有两项科学研究也显示出邻苯二甲酸盐与成年男性肥胖有关联。而西班牙的这项研究首次显示化学物对胎儿的影响，胎儿是人体最脆弱的阶段。美国环境健康科学研究所首席科学家、世界著名有害化学物研究专家皮特·麦尔斯表示："这项研究非常重要。它的结论并不令我们吃惊，因为我们早就从动物试验中发现到这一点。"

☆睡眠少于9小时孩子易肥胖

日本富山大学完成的一项调查分析显示：幼时睡眠偏少的孩子，其肥胖风险明显高于睡眠充足的同龄人。

据报道，这项学术研究分析项目，选取当地5500多名尚未出现肥胖问题的3岁幼童作为调查对象，进行跟踪调查，结果发现，在其直至中学一年级的阶段中，睡眠时间低于9小时的孩子，其肥胖风险度明显高于其他孩子。

调查结果显示，3岁时睡眠时间在10小时以上的儿童，到中学一年级时，约有12％发生肥胖，而睡眠低于9小时的同龄者，此一数值顿然上升到20％，其肥胖风险度则增大近1.6倍。

有关专家分析认为，睡眠时间不足，有可能造成具备分解脂肪功能的荷尔蒙量减少，以及因难以抑制交感神经活动而血糖值升高，这些都会成为导致肥胖的诱因。即便是成年人，也有数据显示缺乏睡眠与肥胖相关。而在其他相关调查中还发现，儿童的睡眠习惯受家庭环境影响颇深，而幼时一旦形成的睡眠习惯，今后将很难改变。因此呼吁，在克服少年肥胖问题方面，应该重视家庭和社会的参与。

☆多吃洋快餐孩子易肥胖

香港现在的肥胖儿童越来越多，许多人都以为是营养过剩所致。但香港最近的一项调查显示，主要原因来自快餐。

香港的志愿团体“健康动力”针对学生快餐喜好进行研究，访问了572名学生，九成被访者表示在过去三周中光顾过快餐店，而九成三的学生并不知道所吃食物含有的热量。

调查发现，现在的西式快餐很受学生的欢迎，最受欢迎的食品是薯条、汉堡包、烤鸡、猪柳蛋汉堡及雪糕等。“健康动力”发言人说，长期进食这些高热量、高脂肪快餐食品，不仅容易导致肥胖，还可能引发高血压、血管闭塞、糖尿病、心脏病及痴肥等。

专家建议特区政府有关方面与连锁快餐店，公开食物资料供市民参考，家长则应多给孩子吃一些低热量食品。

☆多在荧光屏前待易成“胖墩儿”

儿童平均每天看电视时间与其肥胖发生率成正比。平均每天看电视时间为＜1小时、1～2小时、2～3小时、＞3小时的儿童，其肥胖率分别为10.9%、11.8%、13.2%、15.1%，看电视时间长的儿童肥胖率显著高于看电视时间较短的儿童。儿童每天看电视每增加1小时，儿童肥胖发生率平均增加约1.5%。

调查显示，有一半以上的城市里的孩子每天至少看1小时电视。另外，长时期玩游戏机也是儿童肥胖率增加的危险因素。

除遗传因素和环境因素外，社会文化因素对儿童肥胖的影响也不容忽视。胖在中国传统文化中意味着“福气”和“健康”，许多人都认为胖乎乎的孩子可爱、健康。研究表明，无论儿童还是其父母，都期望男孩儿的体型胖一些、壮一些好，而那些喜欢胖孩子的父母的孩子也往往偏胖。

☆儿童不吃早餐易发胖

“一日之计在于晨”，早餐是一天中的第一顿饭，也是最重要的一餐，对人们工作、学习、营养状况以及健康都有着十分重要的影响。经常不吃早餐，可以导致全天的能量和营养素摄入不足，影响儿童的认知能力、短期记忆能力和学习成绩。同时，不吃早餐的孩子到吃午餐时饥肠辘辘，饥不择食，不知不觉吃下去过多的食物引起能量摄入过多，从而在体内转化为脂肪蓄积起来。

中国疾病预防控制中心食品与安全所做过的一份关于早餐和肥胖关系的调查显示，每天食用早餐的少年儿童，肥胖率显著低于每天不吃早餐的，发生肥胖的危险是每天食用早餐的1.656倍。中国疾病预防控制中心食品与安全所的专家指出，不吃早餐是影响儿童肥胖的一个独立危险因素。

早餐怎么吃，也是很有讲究的。专家建议，早餐应由以下四类食物组成：①谷类食物如面包、馒头；②牛奶及奶制品，或者豆制品；③动物性食品如鸡蛋、火腿肠等；④水果、蔬菜。专家建议学生进食奶类食品，牛奶营养丰富，可为体内提供最好的钙源。

☆孩子心情不好易发胖

常言道“心宽体胖”，无忧无虑的人们，没有负担，没有烦心事，胃口自然好，体重增加是很自然的事情。烦恼的人们，有的也会因为烦郁，而化“郁闷”为食欲，也会让身材肥胖。看似天真无邪的孩子们，他们之所以胖起来，也和心情有关系。

4～9岁的儿童肥胖的发生与压抑、焦虑等心理问题引起的注意力不集中、缺乏毅力、易受环境干扰等不良气质特征有关。家庭环境气氛不和谐、父母精神压力大、焦虑等，都会对孩子心理造成伤害，引发肥胖症的产生。

☆你的错误观念也让孩子发胖

孩子肥胖的原因常常就出在父母的一些错误观点，要让孩子拥有正常的体重，父母应该纠正如下一些错误观念。

◇错误观念一：小时候胖没关系，大了长高后体重就会正常

“小时候胖不是胖”，不少年轻父母认为，养一个胖胖的孩子，自己脸上才光彩。可是体重管理专家指出，家长的这种态度往往使孩子在婴幼儿时期的肥胖或轻度肥胖得不到控制，而一旦发展成青春期肥胖或重度肥胖时再想减就很困难了。

父母应该这样做：

●父母至少每半年要为孩子量一次身高、体重，同时计算身体质量指数(BMI)，核对参考指数，衡量孩子是否过重甚至肥胖。

●如果孩子已经达到肥胖程度，不要坐视不管，建议带着他寻求小儿科医生帮助。

◇错误观念二：孩子应该在短时间内改变不好的饮食习惯

千万不要在某一天的晚餐时宣布，全家人明天开始每餐吃烫青菜、糙米饭、白煮肉，外加运动1小时，然后就期待你的孩子会照做。企图一下子把小孩的错误的饮食形态来个一百八十度大翻转并不科学，自己习以为常的事物在一瞬间被全部夺去，孩子会害怕。于是情绪大坏，心生反抗，甚至以拒吃表达抗议。

父母应该这样做：

●订立容易实行的计划，最多一星期完成一项目标。例如第一个星期，试着让孩子减少吃巧克力的次数，从原本一天一块减少为两天一块，持续一星期之后，再减少成三天一块，以此类推。

●鼓励孩子尝试各种健康的食物，不论是新食物或是你认为他不爱吃的食物，都应该多尝试几次。每一种食物至少要让孩子试过 15 次以上，他们才会了解自己究竟喜欢还是讨厌它。

●可以每天晚饭之后全家人外出散步 30 分钟，如果抽不出时间每天散步，可以选择固定几天安排一些事情让全家人都有机会参加，例如星期五晚上一起逛超市添购家用品，也借此机会教导孩子认识及选择健康食物。

◇错误观念三：只需要改变孩子的错误饮食观念，自己年纪大了，不需要再纠正了

孩子不只遗传父母的基因，更遗传父母的生活习惯，尤其是对食物的选择。如果希望孩子吃得健康，最有效的方法是父母带头示范。医学家最近的研究指出，喜欢吃蔬菜、水果的孩子，通常她们的父母每天也会摄取许多蔬菜、水果，这再次证实父母的饮食习惯直接影响孩子。

父母应该这样做：

●不论自制或外食，为全家人选择均衡、健康的食物，例如一碗糙米饭、两种蔬菜、一份烤鲑鱼，并在饭后吃一份水果，让孩子看着你把这些食物吃完，觉得很满足、很享受，他们自然也想尝试看看。

●家里每个人都应该减少食用高热量食物的机会，并避免饮食过量，更不要三天两头光顾“吃到饱”的餐厅，把全家人胃口都撑大。

◇错误观念四：少吃脂肪，可以预防孩子发胖

不少父母认为肥胖来自于脂肪，所以认为让孩子减肥，首先就要尽量少吃或不吃脂肪。基于这样的观点，父母在烹饪食物时，常常不用天然的脂肪，而用脂肪代用品；或是让孩子少吃正餐，而是吃一些减肥配方、饮料或饼干之类的东西。德国一位营养学家认为，如果每 100 克含 900 卡热量的脂肪被热量大大减少的其他食物取代,那么身体就会缺少通常所需的热量,于是大脑便会发出饥饿的信号,促使孩子去早些进食。而且这样还会使人产生一种错觉,即认为吃的反正是含热量少的食物,多吃点也没关系,结果往往会吃得比平时还要多得多,不仅未能减肥,反而增加了体重。

父母应该这样做:

●不含脂肪的食物不利于健康,某些脂肪酸是生命的所需,是人体新陈代谢所不可缺少的东西。所以,还是要让孩子正常摄取脂肪。

●当然,摄入脂肪过多也不好,每人每天有 60 克左右的脂肪也就够人体所需要的了。

☆肥胖儿童的八大生理危害

肥胖程度越严重,对儿童健康的危害越大。肥胖可导致循环、呼吸、消化、内分泌、免疫等多系统损害,影响儿童智商、行为、心理及性发育。现将肥胖对儿童身心健康的最主要的八大危害分述如下:

1. 肥胖儿童血脂高

肥胖儿童血脂明显高于正常儿童,而血脂紊乱是动脉粥样硬化的高危因素。

2. 肥胖儿童易患呼吸道疾病

肥胖儿童胸壁脂肪堆积,压迫胸廓扩张受限,顺应性降低,横膈运动受限,影响肺通气功能,使呼吸道抵抗力降低,易患呼吸道疾病。

3. 肥胖儿童易诱发脂肪肝

重度肥胖儿童脂肪肝发病率高达 80%,儿童肥胖是诱发脂肪肝的重要危险因素,高血压、高血脂是肥胖儿童发生脂肪肝的危险信号。

4. 肥胖儿童易患消化系统疾病

肥胖儿童消化系统疾病的患病率是15%，明显高于正常儿童(4%)。

5. 肥胖儿童的免疫功能低下

肥胖儿童的免疫功能低下，尤以细胞活性明显降低，因而易患感染性疾病。

6. 肥胖儿童有高胰岛素血症

肥胖儿童普遍存在高胰岛素血症，为维持糖代谢需要，长期被迫分泌大量胰岛素，导致胰岛分泌功能衰竭，引起糖尿病。

7. 肥胖儿童性早熟

肥胖儿童男性血睾酮含量及女性血清脱氢表雄酮硫酸酯含量明显高于正常儿童，体脂增多可引起肾上腺激素分泌量增多，使下丘脑对循环中性激素阈值的敏感性降低，出现性早熟。性发育提前可引起性意识，会较早产生对性的迷惑、恐惧、焦虑等不良心理状态，影响儿童学习和生活。

8. 肥胖儿童智商低

肥胖儿童的总智商和操作商低于健康儿童，其活动、学习、交际能力低，久而久之会出现抑郁、自卑，使儿童对人际关系敏感、性格内向、社会适应能力低，影响儿童心理健康。

☆儿童肥胖对心理的四大影响

肥胖除对儿童青少年有生理上影响外，对心理也会造成较大影响。

1. 缺乏自信

由于肥胖造成的“臃肿、疲软、懒散、笨拙”等印象，常被看做笨拙、落后和嘲笑的对象，使肥胖儿童产生自卑感和精神压力。

2. 影响智商

食物中氨基酸代谢失衡，使大量氨基酸堆积在脑细胞中，影响脑细胞活动，致使智力落后于同龄人。

3. 精力不足

肥胖儿童体内脂肪过多，耗氧量比正常人高出30%～40%，体内氧气“入不敷出”，具体表现为无精打采，容易疲劳，嗜睡，精神不易集中。

4. 性格孤僻

很多肥胖儿童、青少年学生由于动作不灵活，参加集体活动也少，致使性格上显得孤僻。有些肥胖儿童青少年形成不愿与人交往的“自闭症”，心理健康水平下降。最主要的特征表现包括经常性的喜怒无常、过分的自卑、缺乏自信，同时也更不愿意融入社会，对参加集体活动或与别人沟通有较强的抵触心理，而且任何负面经历都极有可能为其今后的成长带来长期甚至是永久的伤害。

☆肥胖导致女孩性早熟

儿童早熟现象从20世纪90年代开始变得普遍，食物中的激素、水中类似激素的污染物、甚至媒体上对性进行的大肆渲染都可能是罪魁祸首。但最近有医生指出，最有可能导致儿童性早熟的原因还是肥胖。

相关专家指出，导致儿童性早熟的并不是食物中的成分，食用大量高脂肪和高热量的食物和缺乏体育运动使一些孩子出现了早熟的现象。

从历史上看，从19世纪中期到20世纪60年代，女孩初潮的平均年龄每10年就要提早0.3岁，这源于营养状况的改善。如今，非洲裔美国女性的初潮年纪是12.2岁，白种女性则是12.7岁。

青春期要在达到一定的体重和脂肪分布水平时才会开始。因此，如果一个8岁女孩体重达到了12岁的水平，她就有可能提早进入青春期。

肥胖儿童体内的蛋白质莱普亭(一种激素)水平较高。这种化学物质通过与丘脑下部和垂体腺有关的一个复杂反应链刺激可产生三种主要青春期激素：丘脑下部促性腺激素释放激素、促黄体生成激素和促卵泡激素。从而，促使了女孩的性早熟。

☆肥胖严重影响男孩性发育

专家认为：肥胖儿童体内蓄积的过量脂肪会侵蚀脑垂体，使脑垂体后叶脂肪化，阻碍促性腺激素和生长激素生成，从而严重危害青少年儿童的生长发育、生殖器发育和性发育成熟。

肥胖男孩易出现前列腺发育萎缩、睾丸萎缩，形成小睾丸、小阴茎，使孩子生殖器发育停留在儿童期，到了成人期势必出现性功能障碍，严重者无法生育。

另外，肥胖使孩子高发血液循环系统疾病、糖尿病等内分泌系统疾病，更为严重的是肥胖扼杀孩子的天性，严重危害心智健康、影响智力发育和思维及动手能力。

所以，疼爱孩子的爷爷奶奶和父母们，一定要定期给孩子检测体重，采取积极的减肥措施，将肥胖的危害控制在最低程度。

☆儿童肥胖危及成年后性能力

医学专家发出警告，儿童超常肥胖，会令其长大成人后性功能低下，有的甚至终生不育。

体重严重超常的7～12岁儿童，由于正处在青春启动期的初期，身体的脂肪失调，脑垂体脂肪化并直接引起生殖系统的发育迟缓。肥胖男孩的发病率为90%以上，女孩为50%以上。

这样的男孩儿成年后，生殖器微小，性欲低下，阳痿，不能与伴侣过正常的性生活，而且还会逐渐女性化，大乳房，大屁股，说话尖声细语娘娘腔；女孩子则会性发育不良，月经失调，严重者还会导致终生不孕。

医学界将儿童肥胖的主要原因归结为，家庭根深蒂固的“胖儿为好”的传统观念，生活水平提高后儿童摄取营养的不科学，母亲怀孕期间的饮食过度，以及功课繁重和沉溺于电视导致的缺乏运动。

☆儿童肥胖易导致代谢综合征

儿童青少年肥胖已经成为当前影响人群健康的主要慢性疾病之一。肥胖不仅在儿童期对健康构成严重威胁，而且是导致成人心脑血管疾病发生率和死亡率上升的重要原因。1988年，医学专家将高血压、胰岛素抵抗、高胰岛素血症、TG水平升高/HDL－c水平降低、中心性肥胖，统称为胰岛素抵抗综合征或代谢综合征。过去一直认为，肥胖引起的胰岛素抵抗综合征仅是成人期特有的，但进一步的研究发现，这些异常多开始于儿童少年期。

1. 原发性高血压

随着儿童肥胖患病率的增高，儿童高血压的发生率也呈随之增高的趋势。过去普遍认为，原发性高血压在儿童中非常少见，但近年来的许多研究证实，儿童继发性高血压发生率远低于原发性高血压。2002年中国居民营养与健康调查发现，超重和肥胖儿童(15～17.9岁)患高血压的危险性分别是正常体重儿童的2.3倍和2.9倍。

分析发现，无论体质指数值是否超过肥胖判定值，随着体质指数值的升高，高血压的风险也在不断上升。无论种族、性别、年龄、儿童高血压的患病率在体质指数值超过正常范围后均呈直线上升。

2. 胰岛素抵抗/高胰岛素血癌

肥胖初期儿童空腹血糖正常，随着肥胖度的增加和时间的延长，糖耐量下降，胰岛素增高，初期餐后血糖高，随后空腹血糖也增高，出现糖尿病。肥胖常伴有的高胰岛素血症在胰岛素抵抗的情况下不出现低血糖。首都儿科研究所曾观察到肥胖儿童的空腹胰岛素为27.87mmol/L，为非肥胖儿童的2倍，但是肥胖儿童和非肥胖儿童的空腹血糖相近。

很多研究报道了肥胖儿童胰岛素水平与血压水平增高之间存在关联。通过减肥，肥胖青少年血清胰岛素水平和血压呈现下降趋势，过去对盐敏感的个体对可致高血压量的盐负荷变得不敏感。

3. 血脂异常

肥胖儿童的代谢紊乱，特别是脂肪代谢紊乱，已引起了学术界的高度重观。肥胖儿童高脂肪饮食导致的高脂血症，在肥胖儿童中血脂升高具体表现为持续的低密度脂蛋白和甘油三酯升高和低高密度脂蛋白水平。

2002中国居民营养与健康调查发现，按照WGOC（中国肥胖问题工作组）推荐的体质指数分类标准，超重儿童的高甘油三酯，低HDL及血脂紊乱是正常体重儿童的19、14、15倍；肥胖儿童则为正常体重儿童33、1.5、1.8倍。研究发现，中心性肥胖比周围型肥胖与血脂水平关联强度更大。脂肪的中央分布，也许通过其对胰岛素的作用，已经成为血脂水平和肥胖的中间变量。

4. 动脉硬化性疾病

近年来，国内外研究报道肥胖儿童的动脉血管过早出现动脉硬化样改变，从而为成人期心脑血管疾病的发生埋下隐患。外国专家通过血管超声波检测青少年颈动脉内膜中层厚度（clMT），发现clMT与体质指数、体重正相关，但与身高和年龄无关。国内学

者也发现，肥胖者在儿童期颈动脉内膜一中层的厚度已经开始增加，内皮依赖性动脉扩张功能降低，且多合并高脂血症和高脂蛋白血症。

另有研究表明，15岁的青少年中几乎100%的个体主动脉都已存在粥样硬化性脂质沉积，冠状动脉出现粥样硬化性变化的发生率约为50%。儿童期的代谢综合征促进了动脉硬化症的发展，显著地增加了心血管疾病的危险性。

5. 代谢综合征危险因素聚集

肥胖尤其是中心性肥胖可引起很多心血管疾病危险因素的聚集，包括高血压、脂质素乱、糖耐量异常、Ⅱ型糖尿病、左心室肥大等。研究表明，胰岛素抵抗综合征(代谢综合征)在青少年中发病率很高，即使9岁的儿童中也存在，代谢综合征发病率无年龄和性别差异。

我国调查也发现，与正常体重儿童中有36.9%的人有代谢综合征危险因素相比，肥胖儿童无一例外地具有代谢综合征的危险因素。83.3%的肥胖男孩和所有的女孩至少有两个代谢综合征指标异常，而在正常体重儿童中，这个比例男孩只有15.5%，女孩只有18.8%。在肥胖男孩中同时有4个代谢综合征危险因素的比例是8.3%，而在正常体重儿童中这个比例为0。代谢综合征的发病率在正常体重、超重、肥胖儿童中分别是1.5%、18.3%、38.1%。中国儿童中心血管危险因素聚集，表现为高的血脂水平，高血压及代谢综合征。

☆儿童过度肥胖影响智力

有些家长往往会这样想，为了让孩子长得聪明，就得多补充营养，结果把孩子喂养成了个小胖墩，还觉得是一种成果——这下孩子的脑子营养够了，一定能聪明！殊不知结果往往适得其反，因为过度肥胖往往影响孩子的智力发育,这应当引起家长重视。

1989 年,国内有人对南京市 18 所小学中部分过度肥胖学生的学习成绩和智力水平进行了调查。他们用韦斯乐儿童智力量表测定了儿童的总智商(包括语言智商和操作智商之和),结果发现过度肥胖儿童的总智商低于普通儿童。造成过度肥胖儿童总智商低的主要原因是肥胖患儿的操作智商低于普通儿童,而操作智商的高低反映了儿童视觉、知觉、接受能力以及掌握要点能力的优劣。过度肥胖可能影响到儿童上述方面的能力,以至于在认识事物的能力、辨别能力以及动手能力等方面均低于普通儿童。该调查还发现,过度肥胖患儿不仅操作智商低,而且学习成绩也相对较差,8 门功课中有 6 门成绩低于正常儿童。

过度肥胖儿童智力偏低的原因虽还没有完全弄清楚,但据我国调查表明,肥胖儿童由于脂肪在脑组织中堆积过多,从而形成“肥胖脑”。一般地说,大脑的表面沟回越明显,皱褶越多,智力越高;而肥胖脑的皱褶大减,脑皮质呈平滑样,且神经网络的发育也差,导致智力降低。在某些肥胖患儿,可能由于肥胖导致的呼吸困难、血液黏稠度增高以及红细胞携氧能力下降,脑细胞可以出现不同程度的缺氧,造成患儿嗜睡、记忆力减退、对外界刺激反应迟钝,进而影响智力发育。另外一个很重要的问题是心理因素,肥胖患儿的行动相对笨拙,容易产生自卑、抑郁心理,他们在集体活动或游戏中往往处于不利地位,甚至采取退缩态度,结果肥胖患儿得到的行为锻炼就相对较少,也使得智力发育不如普通儿童充分。

☆儿童肥胖影响身高

肥胖孩子除性发育异常外,还有一些肥胖的孩子会面临生长问题,即“高小孩,矮大人”的终身身高受损的结果。有的肥胖孩子和同龄的孩子比起来更高大，但由于性发育提前，加速骨板老化，导致肥胖的孩子骨龄提前，因此他们看起来要比同龄人高，但由于他们的骨骺比同龄人提前闭合两三年，最终影响孩子“长个”的空间，导致孩子到了成年阶段反而看起来比同龄人要矮了。

☆儿童肥胖易致猝死

肥胖儿童和青少年面临的死亡风险比正常体重的健康人高50％～100％。

有一些较小的肥胖婴儿，由于体重增加较为明显，体重的增长限制了身高的增长，因而容易在夜间发生婴儿猝死。

有的青春前期的肥胖儿童，由于机体的免疫力低下，非常容易患各种呼吸道的感染，个别人由此诱发心肌炎，产生较为严重的心律失常。这些并不会引起人们关注的疾病，常常使孩子在运动时发生猝死。

因此，应当注意预防肥胖儿童的感染，积极治疗肥胖儿童的各种疾病。

☆儿童肥胖预防应当先

近年来，儿童肥胖的发生率增长非常快，尤其在婴儿期、5～8岁和青春期是肥胖的好发时期。虽然目前对婴儿期肥胖是否会引起成人肥胖还有争议，但学龄前期、学龄期和青春期的肥胖常延续到成人期，引起成人肥胖。肥胖在广义上也属于营养不良，是由于营养过剩而引起的一种疾病，它会引起高血压、冠心病、脑血管意外、糖尿病的发生，也会引起某些肿瘤的发生，尤其是乳腺癌和结肠癌等。而且肥胖儿童还容易受到同学的歧视，因而有的性格孤僻，不合群。但一些父母总认为孩子长得胖表示健康，可当孩子长大后需要减肥时却发现减肥是非常艰难的过程，需要很强的毅力和控制力，而预防肥胖相对而言则更为容易和有效。那么预防肥胖应从哪几方面进行呢？

1. 从小做起： 应从出生时就抓起，把握住容易发生肥胖的三个关键时期（婴儿期、5～8 岁及青春期）。

2. 鼓励母乳喂养： 人工喂养要按需进行，不要过早添加辅食。在人工喂养时，父母常将配方奶粉的量冲得很多，并常在满月后就将营养米粉或奶糕调入奶粉中让孩子吃，这样容易造成过度喂养，并使婴儿的胃容量扩大，摄入量也增大。

3. 定期检测体重： 孩子应定期去儿保门诊检查，测量体重、身高，当发现体重增加过快时，应及时引起父母的注意，并要适当控制孩子的饮食，尤其是饮料、冷饮、甜食和油炸食品等的摄入。

4. 不和其他孩子比： 有的父母发现自己的孩子比其他的同龄孩子瘦小，心里焦急，不断给孩子增加营养因而引起肥胖。实际上每个孩子的个体差异很大，有各自的生长轨迹，只要孩子在正常范围内生长，生长速度正常，即是正常的孩子。

5. 培养良好的饮食习惯： 从小培养孩子不吃或少吃零食和油炸食品，不要用食物作为奖励的方法。养成孩子喝白开水的习惯。让孩子在饥饿时再进食，且进食要定时定量。

6. 增加运动量： 从小培养孩子热爱运动，让孩子多爬、多走及参加各类体育活动，或帮助父母做家务，而不要长时间看电视、玩游戏机。

7. 全家共同参与： 父母是孩子的楷模，全家健康的生活方式和良好的饮食习惯可以从小给孩子以影响，帮他形成好习惯。

☆预防肥胖应从婴幼儿期开始

预防儿童肥胖症，从婴幼儿期就要开始做起：

●父母有肥胖家族史者，应重视减肥并去除不良的饮食习惯，如挑食、偏食、常爱吃洋快餐如麦当劳、肯德基等。

●婴儿期添加辅助食物应按月龄逐渐增加，断奶期更应注意均衡饮食营养。

●从小培养孩子的良好饮食习惯，不应采用糖甜食品作为哄骗或鼓励婴幼儿饮食的手段。肥胖患儿不宜多吃甜食和油腻食品，应多吃青菜、豆类、水果和清淡食品，并定期做健康检查。

●要纠正“孩子越胖越可爱”的误区，认识“儿童过胖、害处多多”。

●鼓励孩子经常在室内外做体力活动。周岁前后的婴儿可做婴儿体操或训练爬行、走路；幼儿应多做户外散步、骑小人车以及与小朋友玩耍等活动；防止过长时间在室内看电视、绘画、看书等静止行为。

☆预防儿童肥胖关键是改变不良生活方式

预防肥胖主要应采取两种措施：要让儿童摄入营养均衡，对脂肪、淀粉的摄入量要做相应控制；同时要让儿童进行体育锻炼，消耗过多的能量。

儿童的身高和体重在发育的过程中，如果两者之间不平衡，就会出现肥胖。这有两种情况：一种是身高正常的，体重过大，这是真正的肥胖，就需要控制体重，让体重发育能够跟身高均衡一些；另外一种情况是，身高不足，体重增加，即身高不足情况下的肥胖，这时千万不能只控制体重，而是让身高和体重相应地发展、发育。

控制儿童肥胖关键要改变不合理的生活方式，建立科学、正确的生活方式。很多不合理的生活方式是家长造成的，包括过度喂养、高热量喂养、过早添加固体食物、过量食用西式快餐、运动不足等等。肥胖儿童在饮食、运动及心理行为方面也存在不少偏差，比如进食速度过快、喝甜饮料、吃甜食过多、进食频率过高、不喜欢上体育课、不爱户外运动、不愿参加移动体重的项目、多有自卑感、不愿与人交往、对自己身材不满意，等等。

☆阻挡儿童肥胖症的四道防线

1. 妈妈孕期预防：特别是在妊娠后期要加强孕妇体重和饮食的管理，注意合理饮食搭配，使之不致过分发胖。国外资料表明，怀孕期间体重的增加量不宜超过 12.5 千克。

2. 婴幼儿期预防：强调母乳喂养。人工喂养时按婴儿实际需要进行适度喂养。在生后 3 个月内避免喂固体食物。在生后 4 个月时，如果小儿已经成为肥胖，应注意避免继续摄入过量热卡，特别在生后 6～8 个月时对肥胖儿童尽量减少奶入量，代之以水果蔬菜；用全米、全面代替精米精面的制品。家长不要把食物作为奖励或惩罚幼儿行为的手段。

3. 学龄前期预防：养成良好的生活习惯和进食习惯。不要偏食糖类、高脂、高热食物。养成参加各种体力活动和劳动的习惯。比如，可以走路的场合不要坐车，上下楼要自己爬楼，不要坐电梯。养成每天都有一定体育锻炼的习惯。上述习惯的养成对一生的生活方式，特别是防止成人期静坐式生活方式都有重大影响。

4. 青春期及青春早期预防：这是一个关键时期，也是一个危险时期。特别对女孩，除了体脂增多，心理上的压力、担忧、冲突也增多。追求苗条体型，使不少女孩引发对减肥的错误认识，片面追求节食、禁食，盲目服用减肥食品或药品，造成损伤或死亡。这一时期健康教育的重点是加强对营养知识和膳食安排的指导，运动处方训练的指导，正确认识肥胖等。

☆预防小儿肥胖抓好三个关键期

大量资料表明，肥胖儿和体重正常的同龄儿相比，前者的高血压、高血脂、脂肪肝、关节炎、Ⅱ型糖尿病、下肢静脉曲张等的发生率明显高于后者，因此，预防肥胖就显得十分重要。如何扭转肥胖发病居高不下的状态呢？首先应针对产生的原因，如过多进食肉类、油炸类、甜食及偏食习惯、大人对孩子过分溺爱等原因外，还必须知道预防小儿肥胖症从何时开始。研究证明，对儿童肥胖的预防要注意抓三个关键时期。

第一关键期是母亲妊娠的后三个月

妊娠在第 7～9 个月时，孕妇增加的体重除自己增体重外，胎儿的体重也在迅速猛增。正常情况下，从妊娠第六个月时胎儿体重约为 650 克，到妊娠第九个月时胎儿体重是 2180 克，比六个月时增加 1530 克，我们通过以上数字可以了解到怀孕最后几个月胎儿体重增加的情况。

如妊娠后期母亲营养过量过度，孕期母亲的体重(含胎儿体重)增加太快、太多，不但胎儿体内脂肪细胞增大，数目也增多。出生是肥胖儿，可增加分娩的难度和产科并发症发生的机会，以及引起将来小儿肥胖的发生，但在孕期头三个月，应避免营养摄入不足。

第二关键期是哺乳期的婴儿

1 岁以内的婴儿体重和身长增长最为迅速，对人工喂养的婴儿，多数家长过早(1～2 月)添加半固体、固体食物，唯恐孩子吃不饱。注意办法：人工喂养儿在出生后头三个月内避免喂固体食物，代乳品的摄入量不宜过多，尤其是在 6～8 个月更应注意，以水果、蔬菜、米汤、面汤代替。有报道，在生后的头三个月体重净增 3 千克，将来到青少年时期发生肥胖的几率有明显增加之势

（正常情况下生后头三个月体重为每月增加600克）。

第三关键期是幼儿园阶段(3～6岁)

1～2岁的小孩虽然较少发现肥胖，可是到4岁以后则逐年增加，因4岁以后孩子的活动量增加，消化功能基本完善，食欲都较好，到处见有食品广告的引诱，甜食、饮料、冰糕、肯德基等，只要孩子想要，多数家长都会有求必应，发生肥胖的机会也就多了。预防的办法是，从小养成良好的进食习惯，不偏食，对高糖、高脂肪、高热卡的食物少吃，参加各种体力活动，如可以走路的场合尽量不要坐车，少乘电梯，多爬爬楼梯。这种生活习惯的养成对今后一生是会有重大影响的，转成成人肥胖的风险也就明显减少。

☆预防宝宝肥胖需培养良好饮食习惯

规律时间

一日三餐是我们一直以来的饮食习惯，每到一家人吃饭的时候，都可以让宝宝参与进来，添加一顿辅食，这样不仅可以达到让宝宝接触新食物的目的，同时也是熟悉吃饭时间、吃饭环境的好机会。

同时，父母还要学会提前预告，在吃辅食之前10分钟，对宝宝说："宝贝，我们要吃饭饭了，一起去洗手吧！"虽然宝宝还小，可能听不懂，但是你的行为举止会让他慢慢熟悉整个过程，循序渐进的过程中，宝宝的好习惯也扎下了根。

安谧环境

俗话说"食不言，寝不语"，安静的吃饭环境对于宝宝的身体健康非常有好处，如果周围充斥着电视声、音响声、杂乱的说话声，宝宝的注意力就会受到干扰，不会静下心来享用自己的食物，进而影响到身体的正常发育，因此要给宝宝提供安静的吃饭环境，培养一个餐桌小绅士。

固定地点

我们常常看见一些父母端着饭碗追着宝宝喂饭的情景，家长累得要命，宝宝也吃得不好。为了避免这种情景的出现，在最初添加辅食时，就要养成固定地点吃饭的习惯。

在餐桌前，在宝宝专用的高脚凳上，不论在什么位置，都要以安全、方便为原则。让宝宝慢慢熟悉自己的“地盘”，渐渐地，一提到吃饭，宝宝就会条件反射地转向那个地方。这样不但家长轻松，宝宝也会吃得舒服，也会为宝宝将来的良好用餐习惯打下基础。

专用餐具

可爱的图案、鲜艳的颜色，婴儿专用的漂亮餐具会让宝宝对辅食产生浓厚的兴趣，既安全，又可以促进宝宝的食欲。让宝宝从小拥有自己专属的餐具，这对饮食兴趣和习惯的培养都会有促进作用。

拒绝挑食

如果宝宝一吃某种食物就吐出来，拒绝再吃，怎么办？以后不再给他吃，还是继续尝试？有的时候，适当的严厉、坚持，对宝宝的均衡饮食习惯非常有帮助。不要一味地顺从宝宝的脾气，这样很容易导致今后的挑食、偏食，妈妈可以把宝宝排斥的食物换一种方式烹调，或者换一个时间再试，让宝宝有不同的尝试方法，慢慢地接纳。

禁止强迫

父母还要留意宝宝的饮食欲望，如果宝宝到了吃饭时间还没有饿的迹象，不要硬让他吃。常常逼迫宝宝进食，会让他产生排斥心理。给宝宝喂食时，速度不要太快，喂完食物后，应让宝宝休息一下，不要有剧烈的活动。如果宝宝因为不习惯咀嚼，用舌头将食物往外推，更要放慢速度，给宝宝做示范，让他多试几次，有更多的学习机会。

亲身示范

时常和宝宝面对面，用各自的餐具自己吃饭，给宝宝做示范，让宝宝自己拿着勺子点点戳戳，用小手去捡碗里的面条，不用担心弄脏衣服、弄脏地板，这样的独立尝试，会让宝宝对辅食的兴趣更加浓厚，也是培养独立性的初尝试。

☆儿童肥胖的早期预防

防止儿童肥胖，要早期预防，家长应注意以下几点：

1. 避免过食：喂养过度对小儿是有害的，这一点必须要对家长强调的。发生喂养过度原因常常是小儿啼哭，小儿啼哭并非都因饥饿引起，家长在小婴儿一哭时就喂给他吃会导致过食。喂养过度的另一个重要原因是家长强迫给孩子多吃，在孩子吃饱后不想吃时，家长仍像填鸭式强迫孩子吃，这样就导致小儿胃容量增大，饮食量增加，营养过剩。

2. 婴儿4个月前不加固体食物：提倡4～6个月内小儿纯母乳喂养，母乳喂养的小儿比人工喂养的小儿不易发生肥胖。研究表明给4个月前婴儿加淀粉类固体食物会导致体内脂肪细胞增加，为今后的肥胖奠定了基础。

3. 建立正常饮食制度：按照小儿年龄的大小，合理安排一日的饮食，不要让孩子饥一顿、饱一顿，避免过于油腻、油炸食物及过多淀粉类食物。

4. 少吃油炸类食品：当小儿体重超过标准体重的10%时，应取消餐间点心，多吃蔬菜水果，不让孩子多食油炸及淀粉类食物。

5. 加强体格锻炼，增加体力活动：有肥胖趋势的小儿常常吃得多、活动少。当小儿体重超重时要饮食控制与增加运动同时并进，逐渐增加体力活动时间和活动量，活动应多样化，要引起小儿兴趣使活动能坚持下去才能起到作用。

☆防止儿童肥胖五项对策

5 岁前发胖的儿童，长大后患肥胖症的几率要增加 2 倍，肥胖儿童极其容易遭受高血压、冠心病、糖尿病等疾病的侵袭。为此，专家提出了五大预防儿童肥胖的对策：

◇父母、祖辈的意见要统一

首先，要争取所有家庭成员的支持，尤其是要“搞定”爷爷和奶奶。不然他们一心软，父母一边督促孩子减肥，爷爷奶奶在背后给孩子补充营养多多，甚至直接对父母的做法予以否定，那么，减肥之路必定阻力重重。

◇多喝果汁和水，少喝甜饮料

肥胖的孩子大多酷爱喝可乐、雪碧等碳酸饮料，这些饮料含糖多、含热量高，喝多了，宝宝不发胖才怪。因此，控制宝宝喝碳酸饮料是帮助宝宝减肥的重要途径。平时，妈妈应尽量用不含糖的果汁和清水来代替。在吃饭前，妈妈让孩子喝点果汁，一杯果汁进肚，小小的胃容量也就不多了。

◇均衡饮食，吃肉也要吃蔬菜

肥胖的孩子大多都喜好吃肉，而不喜欢吃蔬菜，这使得肥胖宝宝的某些营养缺乏很严重。因此，父母应逐渐培养孩子什么都吃的好习惯。孩子的饮食习惯很少是天生的，多半取决于后天父母的榜样。如果你告诉孩子某样食物既营养又美味，而自己每回都躲得远远的，反而会让孩子对它更加反感，从而引起宝宝的偏食。因此，父母在设法让孩子多吃蔬菜的时候，自己也要做好榜样。

◇不要暴饮暴食，少食多餐

在幼儿园，孩子们吃饭有时有点，而且妈妈反复向老师交代，孩子吃得差不多了就不用给了。在家里，妈妈也应该注意，不要看到孩子喜欢吃什么就无限量地让孩子吃，以免把孩子的胃撑大了，这样会使孩子吃得更多。一般两顿饭的间隔可以让孩子吃些水果，免得到了吃饭时，孩子由于饥饿吃得过多。

◇少看电视，多运动

吃饭的时候，电视里放的大多是卡通片，因此，为了让孩子安静、顺利地吃饭，父母就让孩子边看电视边喂饭，但是这样做并不好，这样很容易导致喂饭过多。另外，父母可以发现生活中爱看电视、少运动的孩子大多比较胖。

为了防止继续胖下去，全家人都该调动孩子的积极性，陪他在小区里散步或做其他运动。专家认为，要克服孩子的惰性，应该是鼓励而不是强迫孩子进行体育锻炼。如果孩子不喜欢跑步，那么就教他打球或做游戏。如果孩子不喜欢一次做40分钟的运动，那么一天四五次，每次10分钟，也能达到健身的效果。

☆肥胖儿童的饮食管理原则

引起儿童肥胖的原因，除了遗传因素或内分泌疾病因素以外，大多数是由于儿童的饮食没有节制，吃得太多而活动太少的缘故。要让肥胖儿童减轻体重增进健康，就要加强饮食管理。肥胖儿童的饮食管理原则有如下六条，可供家长参考：

1. 提供多样化食品：肥胖儿童应以进食蔬菜、水果和粮食为主。可选择猪瘦肉、牛肉、兔肉、鱼、鸭、鸡、海鲜、鸡蛋白及豆制品等蛋白质含量较丰富的食品。另外，还应进食既含热能少，又有利于减肥的蔬菜如白萝卜、黄瓜、韭菜及冬瓜等。

2. 适当控制脂肪及糖类的摄入量：要忌食油腻食品包括油炸食品，吃肉不要吃肥肉，吃鸡鸭不要吃皮，不要喝油汤。少吃含脂肪多的花生、核桃、瓜子等干果。要喝脱脂牛奶或奶粉，炒菜要少用油，宜用清蒸、煮、凉拌等方法加工菜肴。

3. 饮食上不要饥一顿、饱一顿：首先要纠正孩子不吃早餐的习惯，也不要让孩子晚餐吃得过饱。一日三餐的热能应按3∶4∶3比例供给。应适当控制主食的摄入量，如孩子觉得饥饿，可增加蔬菜的供给量，或吃一些豆腐干之类的食品来替代主食。

4. 进餐时要细嚼慢咽：吃饭时要提醒孩子慢食、多咀嚼，一般一顿饭应花上20分钟或更多的时间为宜。可以设法为孩子提供一些吃起来稍费时的菜肴如鱼类、带壳煮的毛豆、螺蛳等，让孩子慢慢品尝不同菜肴的风味。

5. 注意粗粮、细粮合理搭配：应适当给孩子增加一些粗粮、杂粮及豆类食品，如全麦面包、玉米、麦片、赤豆等，少吃精米白面。这不仅可以提供更多的维生素和矿物质，而且也提供较多的膳食纤维。尤其是膳食纤维，不仅能刺激肠道蠕动，减少食物在肠道中的停留时间，减少慢性便秘及热能吸收，而且对心血管疾病、糖尿病都有一定的预防作用。

6. 适当安排素食：如有可能，最好每周安排一两次素食。素食以蔬菜、水果、谷类为主。蔬菜品种繁多，关键是搭配巧妙，烹调有术，让孩子爱吃。

☆肥胖儿童的饮食调理措施

1. 食物量应逐渐减少：以使患儿易于接受。应根据患儿情况决定减少食物的速度及每日供给的热量。

2. 每日食物以三餐为主：三餐量应平均分配，不可偏重或忽略任何一餐；其中，早餐应占每日进食总量的1/3。

3. 蛋白质宜多选用优质蛋白：如奶类、蛋类、肉类等。此外，植物蛋白，如豆腐、豆类等也应适当食用。

4. 多摄取含高纤维素的多糖类食物：如土豆、粗粮等，减少摄入吸收快且不含其他营养素的单糖及双糖类食物，如甜食等。

5. 当主食不能满足需求时：应以体积大、纤维素多、热量低且有饱腹感的食物补充，如蔬菜、水果等。

6. 进食时宜细嚼慢咽：用餐时间在20分钟以上为宜。

7. 勿进食过咸或口味过重的食物：因其含钠量高，易导致水分滞留在体内，从而延缓体重下降。

8. 尽量少使用油炸方法烹饪食物：可使用红烧、水煮、凉拌、蒸、烤等不使用油的烹调方法。

9. 禁食含高热量、高脂肪及浓缩热量型的食物：如奶油制品、黄油、巧克力等，禁用所有的动物油，并限量地使用植物油。

☆肥胖儿膳食“三限制”和“三保证”

家长在调整肥胖儿膳食结构时，勿禁食其喜爱的食物，免得其偷吃反而造成多食。只有在能享受（限量）美味佳肴，轻松愉快的情况下，方能避免减肥反弹而奏效。

三个“限制”

1. 限制高热量、高脂肪、高糖、高胆固醇食物（肥肉、动物内脏、油炸食品、奶油甜点、坚果类、冰淇淋、巧克力等）的摄入。可生食的食物尽量生食，这样热量低且营养成分高。使体内处于热量负平衡状态，以消耗体脂。

2. 限制精细主食摄入。多食糙米（糙米粉）、全麦（麦片）、玉米等。既能减少热量摄入，又可饱腹。

3. 限制食盐摄入。食盐摄入量为正常儿童的1/2，以减少水钠储留并可降低食欲。

三个“保证”

1. 保证含蛋白质食物（鱼、瘦肉、豆类及豆制品）的摄入。以防减肥影响小儿生长发育。

2. 保证含维生素、矿物质食物（含水分多的蔬果：黄瓜、冬瓜、白萝卜、生菜、西红柿、西瓜；含纤维多的蔬菜：芹菜、竹笋、菠菜、白

菜、胡萝卜、蘑菇、海带、木耳)的摄入。水分和纤维多的蔬果热量低、体积大,可增加饱腹感;促进脂肪代谢,使脂肪难以堆积。目前最新研制的一种功能独特的维生素即肉碱可减肥。肉碱可及时使体内多余的脂肪转化为热量而消耗掉,在脂肪越厚部位作用越强,减肥反弹性小。

3. 保证每日 4～6 杯水,以清理脂肪,输送营养。

☆如何使肥胖儿童合理摄入营养素

节食固然可以限制吸收热量,但同时也会制约吸收必需的营养素。因此,食物要经过谨慎的选择,不能忘记权衡它们的营养价值,应注意“动态平衡”。美国加州大学营养学教授乔治曾指出:节食的人一定不可忽略肉类、乳类及乳制品、蔬菜水果、谷类 4 种主要的食物。这些食物在维持营养均衡中是不可或缺的,但摄取的方法是可变的,采用如下措施,就能取得节食减肥的效果。

1. 调控维生素 B_6 的摄入量 因为这种维生素,可以促进蛋白质的吸收及新陈代谢,帮助身体消耗脂肪,并促进红血球细胞的形成。11～50 岁的女性,每天需要维生素 B_6 2 毫克。一杯 100% 的纯麦片粥或玉米片粥,便含有 2 毫克维生素 B_6。食源有梨、鱼、香蕉、全麦制品、肝脏、芽菜、家禽肉、猪肉、坚果、马铃薯等。

2. 注意钙质的摄入量 钙可以促进骨骼、牙齿的发育,调节心脏跳动的速率,并有增强神经、肌肉的作用。钙是十分重要的矿物元素,错过了小儿时期对钙的吸收,人体钙的摄入会减少。如果钙不足,骨峰就低,骨密度也低,骨骼便会疏松。青少年时期每天需要摄取钙 800 毫克,相当于 3 杯牛奶的含钙量。每天可饮用脱脂或全脂牛奶 1～2 杯,并通过吃其他食物或吃钙片加以补充。钙的主要食源:乳类及乳类制品、沙丁鱼、带骨头的蛙鱼等。

3. 适当的铁摄入量 铁是制造红血球细胞以及构成氧气输

送系统的必备要素。而青少年每天需要摄入的铁元素是18毫克(100克猪肝含铁9毫克)。为增加体内的铁,宜食用动物性蛋白质及蔬菜、水果。每餐不要忘记食用富含维生素C的食物(一杯橘汁或半只柚子皆可)。烹煮食物时最好用铁锅,因为酸性食物能吸收铁锅的铁质。主要食源:猪肝、红色肉、干果、全麦。节食法:如果你不吃猪肝类,可以多吃瘦肉,以吸收铁质(100克瘦肉含225卡的热量)。如果你一向在吃早点时喜欢加糖,不妨改用小麦胚芽或杏仁粉,早餐的粥也可用全麦制品,例如麦片粥、胚芽米粥等。

4. 足够量的锌 摄入锌对发育及抵抗病邪的侵袭有很大的作用。青少年一天所需要的锌是5毫克(100克煮熟的牛肉可以供应6毫克的锌)。主要食源:牡蛎、海产品、肝类、蛋类。

5. 多喝水 水是供给我们活力的营养物。它可以调节体温,将废物排出体外。水可以使胃部饱足,又不含热量,所以是节食者不可忘记的。蔬菜、水果中的水,其分子张力最宜于人体利用。

☆如何避免孩子吃过量

◇让孩子多吃蔬菜、水果这些体积较大并容易于饱腹感的食物。

◇进餐时先吃蔬菜、水果,然后喝汤,最后吃主食,这样不会过度进食。

◇吃饭时让孩子细细地咀嚼,进食速度要慢,但时间不要过长,以免吃进太多食物。

◇吃过饭漱口刷牙,去掉食物气味,免得刺激食欲。

◇不要给孩子视觉刺激,如甜食存在家中或到处乱放。

◇以一些有趣的活动转移孩子总是想吃的念头。

☆拒绝“胖墩”的保健食谱

在日常饮食中，家长可以适当地给孩子喝些保健性的汤水及食品。

海带话梅水：选海带 50 克，话梅 8 个，加清水 400 毫升，煮开待温，分次饮用。

荷叶薏仁水：取鲜荷叶一张，生薏仁 50 克，加清水 500 毫升，煮水，分次饮用。

冬瓜海带汤：鲜冬瓜 150 克(连皮)，海带 50 克，加清水适量，煮汤饮用。

玉米白菜干汤：鲜玉米 100～150 克，白菜干 50 克，新鲜猪骨 100 克。三者洗净，共放沙锅内加适量清水，煲汤饮用。

黄豆海带汤：鲜黄豆 50 克，海带 30 克，新鲜猪骨 100 克。三者洗净后，同放沙锅内，先用中火后用文火煮汤，调味后饮用。

芹菜拌海蜇：鲜芹菜 250 克，海蜇 100 克(用水泡发)，虾米 10 克。先将芹菜洗净切段，海蜇皮切丝，虾米用水泡发。然后分别在水中焯过。再将三种食物一起拌匀，加上少许醋、味精及适量食盐，拌匀食用。

黄豆芽炒韭菜：新鲜黄豆芽 150 克，鲜嫩韭菜 50 克。先将黄豆芽洗净去豆皮，韭菜切成小段，然后将这两种食物共放铁锅内，中火炒熟，加入适量味料食用。

清炒豌豆苗：选新鲜豌豆苗 150 克，洗净后加适量味料及植物油，放铁锅内，用中火炒熟食用。

☆有助于儿童减肥的食品

黄瓜：因黄瓜中含有丙醇二酸，有助于抑制各种食物中的碳水化合物在体内转化为脂肪，肥胖者适当多吃些黄瓜，能果腹并可降脂，减肥的效果甚好。

白萝卜：本品含有能帮助消化的酶和能增进食欲的芥子油等物质，吃后能促进脂肪类物质更好地进行新陈代谢，从而可以避免脂肪在皮下堆积。

韭菜：又名"壮阳草"，韭菜所含的纤维素甚多，这种纤维素在进入人体后，可促进肠胃蠕动，有较好的通便作用，可促进排除肠道中过多的养分。

冬瓜：本品含的热量要比其他蔬菜少，又有助于促进人体的新陈代谢，具有较强的减肥作用。

辣椒：除含有营养物质外，还含有辣椒素。能促进脂质代谢，抑制脂肪在体内蓄积，适当吃些可助减肥。

绿豆芽：它含水分较多，被身体吸收后产生热量较少，更不容易形成脂肪堆积皮下。

大豆及豆制品：大豆和豆制品含有丰富的不饱和脂肪酸，能分解体内的胆固醇，促进脂质代谢，使皮下脂肪不易堆积。特别是醋豆，它是减肥的好食品。日本营养专家研究证实，醋豆里的皂素，能排除黏附在人体血管上的一种脂肪，并能减少血液中的胆固醇含量，有助于减肥。

醋豆的制法是：将黄豆洗净，沥干水，炒 25 分钟左右(注意别炒焦)，待冷却后装瓶，倒入食醋浸泡，加盖封好，一周后即可食用。每天早餐吃 10～20 粒，坚持一段时间后，即有减肥效果。

菱角：它是我国著名的特产之一，距今已有三千多年的栽培历史。菱角有青色、红色和紫色，皮脆肉嫩，是一种佳果，亦可作为粮食之用。一般都以煮食，或晒干后剁成细粒，熬粥亦可。菱角含有丰富的淀粉、蛋白质、葡萄糖、脂肪及维生素 B_2、维生素 B_1、维生素 C、胡萝卜素及钙、磷等。

☆怎样为肥胖儿童选择餐桌上的食物

对肥胖儿的饮食安排要科学合理，选择食物至关重要。

◇应选择含蛋白质丰富、脂肪和热能低的食物，如少食猪肉，可选择牛肉、羊肉、鱼、虾、豆制品等。

◇严格控制谷类、糖类食物，对轻度肥胖的儿童一般每日减少30克，中、重度肥胖的小儿减少50克，减少的时间一般放在中餐和晚餐。

◇为减少控制饮食后小儿的饥饿感，可给予低脂肪、低热能的食物，如瘦肉、豆制品，因为这些食物在胃中停留的时间长，消耗慢。

◇鼓励孩子多吃一些体积大、热量小的蔬菜、水果。培养儿童良好的饮食习惯。当体重降到低于正常体重10%时，可恢复正常饮食。

☆肥胖儿童的运动原则

1. 设计原则：安全，有趣味性，价格便宜，便于长期坚持，能有效减少脂肪。

2. 设计要素：应重视有体重移动的运动，在这些运动中距离比速度更重要。还应注意柔韧性运动。

3. 运动形式：有氧运动，有氧运动与无氧运动交替，技巧运动。

4. 处方制定：测试个体有氧能力。将峰强度控制在以代谢当量为单位的90%，平均强度为其60%～70%之间。寻得安全的界值点。把减脂的任务均匀分配到3个月之内。

5. 处方内容：包括运动强度，运动频率，运动时间，运动期限。运动强度以平均强度为主，一般为最大氧消耗的50%（约为最大心率的60%～65%）。运动频率为每周3～5次。运动时间为1～2小时。运动期限以3个月为一个阶段，一年为一个周期。

6. 训练方案：每次训练必须先作准备活动（热身运动），在每个训练活动间要有小休息。运动结束必须有恢复运动（冷身运动）。身体不适或受伤时应立即停止训练。必须教会自我保护技术。

☆肥胖儿童的运动方式

肥胖少年儿童进行体育锻炼的原则是循序渐进、逐步加量，目的是减轻体重，促进体脂消耗，改善心肺功能。

一是进行耐力性运动

广泛应用的有缓跑、中速跑、快速步行、爬坡、骑自行车和游泳。有人每天坚持游泳1～2小时，一夏天体重下降10多千克。步行和慢跑不受场地和器材的限制，并能自我掌握运动量，是比较简便和安全的锻炼方法。这种耐力训练能加速体内有氧的新陈代谢，可以帮助多余的脂肪燃烧，也有利于提高心血管系统的功能。

二是进行力量性运动

这种运动有仰卧位的腹肌锻炼，如，双直腿上抬运动，直腿上下打水运动，髋、膝关节屈曲向前位的腰背肌和臀肌运动，如双直腿后上抬运动，头、肩、腿同时后抬的船形运动，这些运动可以减少胸部及肩部的脂肪。

三是进行球类运动

这类运动是耐力和力量的综合锻炼，运动量比较大，如乒乓球、排球、足球、篮球等，也是孩子们所喜爱的。

肥胖少年儿童的运动量不可太小，也不可太大，一般采取中等强度为宜，使少年儿童的心率维持在140～160次/分之间。另外，在锻炼中要进行自我的医疗保健，遇有不良反应如头晕、恶心，要逐渐减少运动量，甚至停止运动，以便防止发生意外。

☆儿童肥胖怎样行使运动疗法

随着“减肥”风的刮起，运动减肥已成为近年来医务工作者及广大肥胖患者普遍推崇的减肥方法，认为这种减肥方法有“百益而无一害”。因此，儿童选择运动减肥也是可行的。

日本学者认为，体育疗法可以加强患儿的能量消耗，促进基础代谢的提高和改善脂肪的氧化，运动疗法和饮食疗法的相互配合可发挥明显的效果，而单作运动疗法使体重减少是非常困难的，特别是小儿更为困难。

那么，儿童肥胖怎样行使运动疗法好呢？

首先，应严格地掌握循序渐进的原则，像食物疗法一样分阶段进行。不能要求肥胖症患儿从不爱活动的生活方式立即改变到强度较大的体耗状态，这是绝对禁止的。

其次，小儿的体育疗法也应该在医生指导下进行，绝对不能自作主张。因为不合理的体疗会使心血管系统和植物性神经系统功能进一步失调。其结果是不但不能减肥，而且容易引起危害性的并发症。

在各种体疗项目中，可以偏重些不以双足为支撑点的内容，如坐着或躺着做操，游泳，划船，骑自行车，以及溜冰，郊游，大一点的孩子可以要求其每日坚持跑步锻炼。不过一定要拟订一个综合性的锻炼计划，并经医生许可。

除上述外，在肥胖儿的日常生活中把扫除、叠铺被褥、涮洗餐具等作为身体活动的一项内容，这也是肥胖儿运动疗法较为适合的方法。

总之，只要合理行使运动疗法，是能收到较好的疗效的。不要因为运动的结果，孩子的食欲增加，就任其多吃主食，运动疗法要与饮食疗法相配合，如定时就餐，少吃零食，喝些含丰富维生素的饮料，细嚼慢咽等，只有两者有机地结合起来，运动减肥方能见效。

☆胖宝宝减肥不能缺营养

食物中能提供能量的营养物质有蛋白质、脂肪、糖类，既然肥胖是体内脂肪积聚过多所致，那么能否用蛋白质、糖类食物完全代替脂肪类食物呢？

专家回答：不可以，各种营养成分都有其各自的生理功能。脂肪类食物对小儿生长发育，脑细胞核的代谢，皮肤与毛发的完整，心肌收缩及免疫功能的健全都有重要的作用。

我国营养学会推荐1～16岁的儿童脂肪类食物供应能量应占总能量的25%～30%。儿童需要摄入多不饱和脂肪酸至少不低于总热量的1%，才能保持正常生长。

由此，父母在给肥胖儿搭配膳食时，可以适当提高蛋白质含量，减少脂肪和糖的含量，肥胖儿脂肪供能不应低于总能量的20%，同时应适当增加含多不饱和脂肪酸食物的摄入，减少含饱和脂肪酸的摄入。

一般来讲，大豆和谷物等植物油及海鱼、淡水鱼等鱼类食物含多不饱和脂肪酸较多，鸡、鸭、鹅等禽类次之。食物中胆固醇含量的高低也是影响肥胖的因素，但在上述食物中胆固醇的含量恰恰与不饱和脂肪酸含量相反，所以搭配膳食时应记住“四条腿食物不如两条腿食物，两条腿食物不如无腿食物”的原则。

值得提醒的是，要完全控制体重的过度增长，减少皮下脂肪积聚，不能单靠饮食调整，还必须改变不良生活习惯，增加适当运动等综合防治措施，才能收到良好的效果。

☆巧选玩具助胖宝宝减肥

现在一些孩子的玩具增加了重量，其目的是为了帮助这些越来越胖的儿童。

美国印第安纳州立大学的研究者通过一个小实验测试了增重玩具对儿童的影响。他们发现，当10个6～8岁的孩子玩重达3磅的玩具时，比玩普通玩具燃烧的卡路里更多，并且呼吸、心跳的速度加快了。

研究人员说，这样做并不能彻底解决儿童肥胖问题，但是客观上能够对儿童减肥起到积极作用。

☆儿童减肥不能光吃素食

素食体积较大，容易吃饱；植物性食物富含维生素，易于消化吸收；许多蔬菜及豆类中含有抗癌物质。另外，蔬菜中纤维素较多，可以促进肠道蠕动而加速排便，故素食是减肥的一个办法。

虽然素食好处很多，但绝对素食容易造成蛋白质、铁、钙及某些维生素的缺乏。儿童处于生长期，绝对素食易引起夜盲、佝偻病等营养不良症，所以，对于正在发育的儿童及青少年而言，只吃素食是不可取的。

☆儿童减肥吃粗粮不可过多

吃粗粮曾经是不得已而为之的事；如今，吃粗粮居然成了“时尚”“健康”的代名词。只不过，这股流行之风应该“刮”到什么人头上，还是有点讲究的。北京儿童医院儿研所营养中心的专家说，儿童吃粗粮就得注意，不能吃得过多。

通常来讲，所谓粗粮，是相对于精米白面而言的。比如玉米、荞麦、燕麦、高粱、薯类等，口感上不像细粮那样顺口。从营养成分上看，粗粮蛋白质含量相对偏少，淀粉、纤维素、矿物质以及B族维生素含量丰富。如果日常膳食搭配些粗粮，可以弥补细粮中纤维素含量少，以及细粮加工过程中矿物质和维生素丢失的不足，做到营养互补。这对于肥胖、糖尿病、心脑血管等疾病的预防大有益处。因此，多吃些粗粮对于需要控制营养摄入的“三高”人群而言，确实是件好事；但对于正在成长发育期的儿童来说，就要另当别论了。

有长就有短，粗粮的劣势也源于它的粗糙，不易消化，口感差。同样质量的细粮与粗粮相比，肯定是细粮的总体营养价值要高些。此外，吃粗粮过多，会降低蛋白质的摄入，其中的大量纤维素也会影响矿物质和微量元素的吸收。这些对于儿童来说，都是不合适的。

当然，也不是说孩子吃粗粮就不行，专家强调，关键是不能多吃，否则可能导致营养不良，引起一些问题。那么这个比例是多少呢？目前来说，并没有一个权威的数据。不过，根据一些临床观察，每天摄入的粗粮总量不要超过当日主食总量的1/4，应该就可以了。

另外需要提醒的一点是，现在很多孩子存在便秘、肥胖问题，这种情况下，也需要适当多吃些粗粮，以利于排便和体重控制。

☆把儿童肥胖挡在门外的十二个要点

一项调查表明，近年来，全球儿童肥胖的比例增长了近3倍，如何正确地饮食成为备受关注的一个话题。按照“六要六不要”，相信就可以帮助孩子将肥胖挡在门外。

六要

1. 父母要给孩子树立一个好榜样，与孩子一起进餐，吃健康的食品。

2. 要在两餐之间为孩子提供充足的健康食物，如新鲜水果蔬菜、低脂饼干、酸奶等，减少孩子对高脂零食的欲望。

3. 如果孩子有天生的好胃口，父母要接受这一点，但要控制饮食量。

4. 从小鼓励孩子吃多种多样的蔬菜和水果。

5. 不要给5岁以下孩子喝脂肪含量低于1%的低脂牛奶，因为孩子在这个年龄需要从全脂牛奶中获得更多的热量。

6. 要让孩子帮忙一起做饭，如果父母总是依赖于快餐式的食物，孩子将享受不到做饭的乐趣。

六不要

1. 不要在饮料和食物里加过多的糖。

2. 不要养成孩子多吃盐的习惯，也不要将盐罐放在桌上。

3. 不要将整个坚果喂给5岁以下的孩子，以免发生呛噎。

4. 不要强迫孩子吃太多。

5. 不要利用食物作为奖励引诱孩子。

6. 不要让孩子对吃饭有罪恶感。

除以上12点，父母还可在家储存一些健康食物，给孩子增加更多的选择。如全麦饼干、面包干、干果、酸奶、牛奶、果汁，或小节的萝卜、芹菜，以及小西红柿等。

☆“小胖墩”减肥操

小胖墩减肥操共8节，开始练习时，每节应尽量不停地连续重复4～6次，动作熟练后可逐渐增加到15～20次。练习时呼吸要自然，每天最适宜锻炼的时间为晚上6～8时。

第一节：腰部运动。仰卧于板床或地板上，双腿分开双膝弯曲成直角，双臂平放在体侧床上或地上，用双臂和双腿支撑身体，头肩顶在床上或墙上，将腰部慢慢抬高再放下。反复进行数次。

第二节：腹部运动。仰卧，双腿并齐，脚尖绷向前，双臂放在体侧地上或床上。将双腿伸直向头部方向高抬，同时下肢自下而上、自上而下做交叉运动，然后缓缓放至离床或墙1厘米处。反复练习数次。

第三节：腹部运动。坐位，双手十指交叉放脑后，双腿伸直。脚尖绷向前，双腿抬高，做下肢交叉摆动。

第四节：腹部运动(仰卧起坐运动)。仰卧，双臂双腿自然伸直。双腿伸直不动，上体抬起，双臂前伸后，身体再还原躺下。反复练习数次。

第五节：腹与腿运动。仰卧，双臂放在体侧，双腿抬高约45度，模仿蹬自行车的动作。反复进行数次。

第六节：背部运动(俯卧撑运动)。俯卧位，双肘屈曲，手掌向下置于胸侧，双腿自然伸直。双肘伸直撑起上体，胸部尽量离开地面，挺胸仰头后还原。反复若干次。

第七节：背腰运动。俯卧位，双臂伸直于体侧。吸气时双臂双腿伸直并用力向后上抬起，同时，尽量抬头挺胸，做“燕式”平衡状，呼气时还原，反复进行数次。

第八节：腿部运动。双腿分开，与肩同宽，双手叉腰，做蹲腿运动，一站一蹲。反复数次。

小胖墩减肥操可配合每日身体移动性运动，如长距离步行、慢跑、登楼等进行练习，家长可与小胖墩一起练习，以增加其运动的兴趣。

☆怎样为“小胖墩”减肥才健康

是什么造成当前“小胖墩”扎堆现象？我们该如何有效避免更多“小胖墩”出现？长春市肥胖研究所的专家说：“过多摄取食物是导致肥胖的物质基础，缺乏运动是滋生肥胖的温床。”肥胖是随着社会发展而必然出现的弊端，真正改变这种青少年健康问题需要多方努力。

专家指出，当前社会的大环境为“小胖墩”的出现提供了环境。物质条件的优越，高科技食品的诞生和西洋快餐的引进等，使肥胖成为附属产物。而人们对肥胖知识的认识模糊和学校、家庭对运动的忽略，是导致青少年肥胖的主要因素。此外，一些家长对儿童患病时用药不科学，过多依赖激素类药物，也是导致青少年肥胖率增高的重要原因。

如何才能科学保持青少年的体重呢？专家认为，首先是生活行为的矫正，青少年应具有良好的饮食习惯，控制每天的饮食量，合理配餐，减少脂肪、糖类的摄入量，多吃瓜果蔬菜，适量的肉类搭配，同时也要坚持早餐吃好，午饭吃饱，晚餐吃少的原则。其次，要从运动方面着手，加强体育锻炼，养成合理的运动锻炼习惯，最好能保证每天快走或慢跑 40 分钟以上，同时要保证充足的睡眠。此外，由于青少年心理的激奋状态能通过内分泌系统对体重产生积极影响，所以，青少年能否达到有效控制体重的效果，精神因素也占很大比重。为此，家长应尽可能减轻孩子的学习负担和精神压力，为他们创造愉快的身心，为实现有效控制体重创造有利条件。如果孩子已经出现肥胖症状，应及时到专业医院查明原因。如果有隐性疾病，应配合原发病进行减肥和治疗；如果是单纯性肥胖，最好在专业医生的治疗或指导建议下进行调整。

☆儿童减肥四大禁忌

一忌节食

孩子正处在生长发育的关键时期，节食会导致营养不良及其他健康问题。在不节食的原则下，要懂得吃什么、怎样吃。

一般来说，小胖墩的饮食应以清淡少盐为主，尽量不吃油腻、过咸，含高热量、高脂肪以及烟熏、油炸的食物。瘦肉、蛋、奶制品的摄入应该适量，而蔬菜、水果、粮食等天然作物的摄入量则不限制。做荤菜时，应采用清蒸、炖、煮这些健康的烹饪方式。同时，家长应协助孩子改掉不吃早饭、晚上加餐、吃饭速度过快、暴饮暴食、边吃边玩、饭前吃零食等不良饮食习惯。

二忌吃药

青少年正处于生长发育阶段，对其减肥的治疗必须经过严格筛选才能用药，并且必须进行严密的用药监护。

儿童肥胖一般来说，不需要使用药物，而以调整饮食和加强运动为主，除非他(她)已经是重度肥胖，并且有许多并发症时，方才选择药物。

减肥药物主要有食欲抑制剂(包括苯丙胺、氟苯丙胺、氯苯咪吲哚等)和促进代谢药(如甲状腺素制剂等、口服降糖剂)，以及众多的减肥中成药。不管使用哪种减肥药物，必须由医生同意和得到专科医生的指导，能不用的尽可能不用，或根本不用。倘若儿童肥胖合并高血脂者，可用泽泻10克，山楂10克开水冲开，待温，每日当茶饮。或试服消胖美。经常爱睡觉的肥胖儿可用一些减肥茶，七消丸之类。食欲亢进伴有口疮、口臭的孩子可吃牛黄清胃丸。如因精神因素而多食的孩子，在其正常饮食之后，尤其是午休、夜卧之时，适当给安定片，或枣仁安神液之类。非单纯性肥胖，在经医院确诊之后，要按照医嘱进行服药。

腹泻减的是水分，反弹很快。有副作用的减肥品，儿童也不能服用。如含有盐酸西布曲明的减肥品就不能给 16 岁以下的儿童使用，因为西布曲明有厌食、失眠、思维异常、血压升高 等 19 种副作用，儿童厌食，没有营养，会严重阻碍儿童生长发育，影响儿童的智力。

三忌“洋快餐”

统计资料显示：常吃快餐的成年人中，至少有 5000 万肥胖者，其中青少年肥胖人数 1991 年比 1971 年增加 7 倍。

不只是洋快餐，各种西式食物如西式糕点、巧克力派、咖啡伴侣、热巧克力等，都含有大量的反式脂肪酸，不仅能引起肥胖，还会危害心血管系统健康，影响儿童发育。

四忌短期快速减肥

短期快速减肥在儿童中也是不提倡的。俗话说一口吃不成个胖子，人从正常体重到肥胖，一般要经过数月或数年，在此过程中，身体的各个器官，如心、肺、肾脏等已经逐渐适应了高体重状况。短期快速减肥（例如一星期减去好几千克）一般减去的是身体的水分（体液），人体体液快速丢失，使心肺和肾脏等器官一时难以适应，容易出现循环系统问题，导致肾功能损害，甚至会增加患心血管疾病的危险因素。另外，以人体丢失水分为主要方式的减肥难以持久，一旦减肥措施停止，体重会恢复到原有水平，体重大起大落，对身体健康有害。肥胖儿童进行减肥治疗的过程中，不少家长急于知道孩子在多长时间内能减去多少体重。儿童减肥专家说，儿童减肥用体重绝对下降来衡量效果是不恰当的，因为孩子的身高在不断增长。如果能保持体重不增加或缓慢增加，便达到了减肥的效果。一般来说，儿童减肥速度控制在每月相对体重减少 1.5～2 千克较为合适。儿童减肥主要是控制。造成儿童肥胖主要有两大因素，一个是饮食过量，一个是运动过少。那么家长能做的就是控制孩子的饮食，想办法增加儿童运动量而达到减肥目的。

☆儿童减肥三不宜

1. 不宜学成人节食

儿童时期是生长发育最快也是最关键的时期，必须有足够的糖、蛋白质、维生素、钙、铁等营养物质来满足生长发育的需要，因此，帮助孩子减肥绝对不能过分限制孩子的饮食。另外，成人可以采用的手术去脂、药物减肥等，孩子都不宜使用，因为这些方法有可能影响生长发育。

2. 不宜忽视孩子的感受

专家认为，孩子情感方面的问题会影响体重。就像很多成年人在感觉苦闷、压抑时会依靠食物来减轻压力一样，来自学业的压力、家庭关系紧张、觉得被父母忽视、感到孤独、与同学们关系不融洽等，都会使孩子倾向于贪食。

3. 不宜多吃黄瓜

黄瓜是一种很好的减肥蔬菜，一年四季均可收获。有些家长或儿童以为黄瓜能够减肥，就不管是否合适，一味地以黄瓜为主食，这是不对的。

因为长期食用黄瓜会引起营养失调，导致食欲下降，有个别儿童还可能因此而诱发厌食症和色素沉着，耽误了学习，影响了智力，给家庭和个人都带来了很大的麻烦。黄瓜的主要成分是水，含96％～98％的水分、少量维生素和纤维。不能因为减肥而影响儿童身体营养的摄取。

☆儿童减肥应该注意哪些问题

1. 给孩子必要的支持。如果你的孩子体重超标，他本人对于自己肥胖的身躯也感到很焦虑。除了一些终生的健康问题（如高血压、糖尿病)之外,肥胖带来的社会及心理方面的负面影响也会压得孩子喘不过气来。因此,这时给孩子以理解与支持显得特别重要。同时,还要乐意给孩子提供帮助,为其控制体重出一分力。

2. 制定切合实际的目标。体重与体型可能是一个很敏感的问题,对于女孩而言尤其如此。这时,不要谈论“瘦”“胖”的问题,而是应当鼓励孩子把注意力集中到有利于维持健康体重的生活方式上来。此刻,你可以寻求医生的帮助,让其根据孩子的体质指数制定一套切合实际的健身目标。

3. 不要盲目跟风。要让孩子明白:减肥并保持住减肥的成果需要终生的努力与奋斗。那些当今流行的各种节食方法对处于生长发育阶段的孩子来说并不适用,因为那样做的结果是营养摄入不足,严重的甚至会影响孩子的生长发育。减肥药物与另外一些所谓快速减肥方法都不能从根本上解决问题,并且即使有一定效果也是暂时的。如果不能长久地改变不良生活习惯,不但减掉的赘肉会重新在他身上浮现,而且还有可能产生更多的脂肪。

4. 增加活动量。与成年人一样,儿童每天也需要1小时的身体锻炼活动。但这并不是说要孩子一口气练习60分钟。每天进行一些短暂、重复性的活动也能消耗多余热量。在学校与社区进行一些集体性的体育锻炼是一种很好的运动方式。如果你的孩子不愿意参加某些体育活动,那也没有关系。不妨鼓励他(她)去散步、骑自行车、或者去滑旱冰,这些都是很有效的有氧健身锻炼。

5. 早饭要吃好。富有营养的早餐不但能够增强身体的新陈代谢能力,而且还能够给孩子提供充足的能量来应付接下来的学习。更为重要的是,吃早餐还能够减少在接下来的时间内过量进食的几率。如果你的孩子不喜欢吃纤维素丰富的食物,那也没有关系,可以让他(她)吃些坚果、水果来替代,也会收到同样的效果。

6. 零食好吃巧算计。对于遍布学校门口的小商小贩的食品车,不受诱惑是很难的一件事情。关键是教导孩子如何吃零食,比如，你可以让孩子把每天一包炸土豆片换成下面的任何一种食品：①葡萄、橙子、草莓或者其他鲜果；②樱桃西红柿；③小胡萝卜；④低脂酸奶。

7. 控制好食量。要告诉孩子，一旦产生饱腹感就要停止进食，再好的食物也要如此，吃饭时如果养成了清盘子的坏习惯，肚腹就会渐渐地凸出来。

8. 留意液体热量。一瓶 500 毫升的碳酸类饮料含有约 150 千卡的热量与大约 10 羹匙的糖分。另外，果汁中的热量与糖分（尤其是咖啡与其他一些含糖的饮料）在体内聚集的速度很快，因而经常饮用会加速肥胖的进程。所以，每天让孩子喝白开水而不是饮料与果汁，就能够少摄入几百千卡的热量与多余的糖分。为了增加一些花样，可以在矿泉水、纯净水与白开水之间进行选择。

9. 孩子减肥的事就是全家人的事。不要认为减肥是孩子自己的事情，全家人都要以此为契机养成一种更加健康的生活方式。毕竟，健康的饮食结合积极的运动对于大家都有好处。要做到这一点，应该：①鼓励全家人多食用水果、青菜与全麦食物。作为家长，一定要以身作则。②不要购买垃圾食品。有益于健康的食品可能会多花一点钱，但是这种投资既重要又值得，这就是我们平日所说的要花钱买健康。③经常给家人介绍一些健康食谱或者一些新奇的健康方案，以便大家来共同分享。④设计好家人的出游计划，比如每天傍晚外出散步、每个周末到当地的旅游娱乐景点游览等。

10. 保持积极乐观的心态。体重超标与自卑感有着必然的联系，重要的是要让孩子勇于接受这一事实，并不断对孩子所做出的努力、所取得的成绩以及所掌握的技巧进行积极的评价与表扬。向孩子表明，家长的爱是不附加任何条件的，是不以身体的胖瘦为转移的。帮助孩子学会一些有益的方式，比如建立瘦身日记等，来表达自己在减肥过程中的感受。

父母还需要注意以下4方面问题：

◇千万不要因为吃饭的问题对孩子嚷嚷或吓唬孩子；

◇不要用食物来奖励或惩罚孩子；

◇不要取笑孩子长得胖；

◇不要拿其他孩子来做比较，因为这会使孩子出现严重的挫折感和自卑心理。

父母要做的是更加关心孩子的内心感受，经常赞扬孩子的优点，给予孩子关心以及不计回报地疼爱。

经过一番努力，如果你的孩子还是挣脱不出自卑的泥潭，或者无法用健康的方式来应对体重的增加，可以考虑参加正式的体重控制训练课程或者寻求专业咨询的帮助。外界的帮助也许会成为孩子应对社会压力、提高自尊心以及控制体重的强有力的工具，从而使他们从中受益终身。

☆肥胖孩子要坚持定期“三查”

肥胖宝宝最容易与高血脂、高血压、糖尿病三大疾患结缘。为了胖宝宝的健康考虑，专家建议父母需定期带他们去做三项检查。

一查血脂：为心脏保驾护航

血液中的胆固醇或低密度脂蛋白超标，医学上称为“高脂血症”。虽然不痛不痒，却容易引发动脉硬化和冠心病，故高脂血症又被喻为“无声的杀手”。

都说中年人易患此病，难道孩子也会遭此厄运吗？

回答是肯定的。一份关于70名肥胖儿童的血脂检测结果显示：他们的血脂水平明显增高，以低密度脂蛋白为例，平均每升血液中高达0.7克，比健康标准（平均每升血液中为0.44克）高近60％。

因此，父母一定要有忧患意识，经常带孩子去验血。如果证实孩子的血脂水平升高，就需在医生指导下采取相应的治疗措施。

二查血压：家庭自测五注意

近年来，孩子患原发性高血压不断增加，肥胖者尤其明显。所以，定期为孩子量一量血压也非常有必要。

如果家中备有血压计，父母也可在家中操作，但在操作时必须注意五个方面：

1. 要将血压计的袖带先行折叠，要求折叠后的宽度为孩子上臂长度的1/2～2/3。一般情况，1岁以下：2.5厘米；1～4岁：5～6厘米；5～8岁：8～9厘米；9～14岁：10～11厘米。

2. 仔细听诊，听诊器里的拍击性搏动音完全变“闷”时的读数即为舒张压，不能像成人那样，将搏动音消失时的读数作为舒张压。

3. 量血压前1小时不要让孩子做剧烈运动，也不要吃东西或喝饮料，并排一次尿，安静休息10分钟后再开始进行测量。

4. 选定几个不同时段进行。最好是清晨起床后或临睡前，因为这两个时段的血压值较为稳定，最具诊断意义。另外，每个时段测量血压不应少于3次，相邻两次间隔不应少于3分钟，取后两次的平均值作为本次测量的血压值。

5. 发现孩子的血压读数偏高时，就需要再复查一次。复查的程序与第一次相同。连续测量3天血压都升高，而且6岁以下高于110/70mmHg，6岁以上高于120/80mmHg，确认为高血压。需要进一步彻查孩子高血压的类别，对病情和靶器官的受损情况进行评估，并拟订出切实可行的个体化防治方案，然后照章执行。

三查血糖：确诊应“三堂会审”

一般我们总把糖尿病当做成人病，实际上，孩子同样会患此病，只不过几率较低而已。可是近年来，由于人们的生活方式逐渐“西化”，肥胖的队伍迅速扩大，糖尿病发病率也不断攀升。

儿科专家发现，肥胖孩子患糖尿病的几率是普通孩子的4倍，而且肥胖持续时间越长，患糖尿病的危险性越大。孩子患糖尿病很少出现成人病例那样的典型症状，为此，定期检查尤为重要。

在此，专家特别提醒父母：验血查糖尿病通常有 3 个项目，即空腹血糖、餐后血糖与糖耐量测验，在此，不妨称之为“三堂会审”。“三堂会审”确诊宝宝患了糖尿病，父母要在医生指导下进行“三管齐下”的治疗。其中，合理的饮食结构和良好的生活习惯非常重要，如均衡，不暴饮，不偏食；以清淡食物为主，多吃苦瓜、洋葱、莴苣等蔬菜，限制进食高糖类食物；精选蛋白质食物，以鸡蛋、牛奶、瘦肉、鱼肉等为佳，少吃豆制品类粗蛋白等。

☆儿童肥胖不宜使用针灸治疗

针灸减肥效果明显，不仅可使胃的基础活动水平降低，餐后胃排空时间延长，从而降低食欲，减少进食量，还能使单纯性肥胖者外周 5-HT 的水平降低，纠正因肥胖导致的消化、吸收、心血管和内分泌机能异常等。

针灸减肥虽有上述优点，但用之于儿童却不适合。众所周知，儿童大多数是害怕扎针的，加上针刺时产生的疼、酸、麻、胀等感觉，更使小儿难以接受；肥胖症的施针疗程比较长，也加大了儿童接受这一疗法的难度。在肥胖的针灸门诊中罕见儿童患者，从某种意义上说明针刺疗法在儿科治疗中不很实用。所以，除少数极勇敢的孩子外，我们不推荐用针刺疗法为儿童减肥。

☆儿童肥胖不宜用气功减肥

气功，作为传统的运动项目，历史悠久，源远流长。它对防病治病，增强身体素质，具有积极的作用。气功在我国一直很盛行，近年来，人们在健身的同时，希望通过气功能减掉身上多余的脂肪，因而就产生了“减肥气功。”

那么，减肥气功用于小儿肥胖是否可行呢？在回答这个问题之前，不妨先来说说气功减肥到底有些什么特性。我们知道，气功减肥主要是通过自控，严格控制进食，甚至达到“粒米不进”，以此达到减肥的目的。这一方法，一般都有较明显的减肥效果。有的练功者还在减轻体重的同时，机体的其他有关症状也得到改善或消除，获益匪浅。遗憾的是，从观察的大部分练“减肥气功”的人来说，因陡然减食、能量不济，出现不良反应的人不在少数。这一点，正吻合一位气功师断言的一句话：“百人之中，有两人能练成者，其数大也。”说明在人群中，适宜练气功的人只有少数，这就是所谓的“先天素质”吧。这也许与练气功必须心神气合一，精神必须高度集中的要求难相吻合有一定关系。事实上，我们的大多数人都练不好气功，这似乎无须多言。

儿童处于生长发育阶段，一方面需要有多种多样丰富的营养物质，而减肥气功要达到控制饮食的目的，这对儿童自身健康发育成长，无疑是弊大于利；另一方面，儿童心理素质也就是心理稳定性还不健全，要达到练气功要求的精神高度集中，熟练气功中的各种要领相对困难，常易“走火入魔”，相比而言，比成年人更不适宜采用气功减肥法。此外，气功减肥的长期效应和体内有关功能变化的观察监测和评判，还缺乏减肥机理和方法的科学阐明，尚处在探索阶段，许多方面还不成熟，对此我们也得慎重对待，特别是用于儿童肥胖者。

☆儿童肥胖不宜用“少睡”减肥

成年人少睡觉、少休息可以减肥，而且只要尺度得当，则对身体没有不良影响。儿童却不然，儿童少睡觉、少休息不利于身体的发育和成长，因为儿童时期体内的“合成过程”大于“分解过程”，而且生长是在夜间进行的，所以需要充足的睡眠和良好的休息。少睡觉、少休息对儿童的成长是有不良影响的。当然也不能过多地睡觉，尤其是不能在白天也睡大觉。适当的睡眠对儿童而言是每天睡足 7～8 小时，其他时间用于学习和运动。

☆中医如何辨证治疗小儿肥胖

中医认为，小儿肥胖症关键在于脾胃运化功能失职，一般常见有两种症类：

1. 痰湿体肥

症状表现：体肥而多食，动则气促，易于疲乏。

治疗原则：由于嗜食肥甘，停滞生湿，脾失健运，浸渍肌腠、酿结为痰。治宜健脾化痰燥湿。

药方：法夏、茯苓、枳实、白术各 9 克，厚朴 5 克，大腹皮、麦芽、焦山楂各 10 克，陈皮 3 克，清水煎服。

如湿重便溏可加猪苓、泽泻各 6 克，同煎。本方为燥湿化痰之剂，每天一服，连进两星期。

2. 气虚体肥

症状表现：形体虽肥，气化不足、行动迟缓、体肥色白，肌肉按之绵软。

治疗原则：由于脾胃气虚，治宜健脾益气，用香砂六君汤加味治之。

药方：木香、砂仁、法夏、神曲各 5 克，党参、白术、云苓各 9 克，陈皮、炙甘草各 3 克，生姜 3 片，大枣 3 枚，清水煎服，每天一服，连进两星期，至形体结实、疲乏消失之后停药。

气虚体肥如为食后倦怠、小便频多又为中气下陷之征，可用补中益气汤：黄芪、白术、党参各 9 克，陈皮、升麻各 4 克，柴胡 6 克，当归 3 克，炙甘草 3 克，清水煎服。

☆中医如何按摩治疗小儿肥胖

按摩减肥的常用手法主要以按法、揉法、滚法、点压法、推法、拿法、拨法为主。手法操作如下：

患儿仰卧，医者双手掌在小儿腹部做按揉数次，约1～2分钟，再用双手掌和掌根顺时针从升结肠、横结肠、降结肠部位按揉数次，约3～4分钟，手法以泻为主，兼用平补平泻法，可增加手法运行频率。此法可调节胃肠蠕动功能，健脾利湿，加快皮下多余脂肪分解。

通过按摩患儿肥胖病区及淋巴点，促进新陈代谢而减肥。全身主要淋巴点，如腋窝、双乳之间的乳导管部分，腰部及双膝后面，指按时触到淋巴结就有痛感，随着疗程的不断发展，痛感会很快消失。可用20～30分钟进行按摩，通常都是以对腹部进行环形运动来开始或结束按摩的，这样能助消化，也有助于废物的排出。

按揉背俞穴分布区域，以微红为度，重点按揉望井、脾俞、肝俞、大肠俞、肾俞穴、点按三阴交穴各1～2分钟。摩擦背部、肩胛骨之间，以热为度。按摩之后，应稍休息一下，通常患儿结束治疗后排尿是按摩效果好的表现。

中医按摩手法减肥比起其他减肥方法，如针刺减肥法、耳穴贴压减肥法、耳穴埋针减肥法、药物减肥法、食物减肥法、气功减肥法，无痛苦，无副作用，轻轻松松减肥，儿童更易接受，同时也易于在医院及家庭推广。

☆改变饮食习惯治疗儿童肥胖五法

1. 饮食偏好诱导

肥胖儿童往往偏爱荤食和甜食。父母应对其加以诱导，让他们逐渐喜爱吃粗粮和蔬菜，多吃水果、蔬菜，减少肉食和精细谷物数量，不吃肥肉和甜食。目前，西方国家正在兴起“淡味减肥”的饮食时尚，即增加蒸、煮、烤和凉拌菜，减少油炸食物和炒菜。同时，在烹调时应少放盐、尽量不放糖和味精。这些都有助于减少摄食量。

国内在此方面采用“颜色食物”的方法，取得了良好的效果。颜色食品分为绿灯、红灯、黄灯三种，分别代表鼓励摄入的健康食品、应严格限制的食品和限量摄入的食品。“绿灯食品”包括瘦肉、鱼和海产品、蛋类（去黄）、脱脂奶类、豆制品、蔬菜和含糖量不高的各种水果。“红灯食品”包括肥肉、油炸食品、奶油食品和含奶油的冷饮、果仁、白糖、糖果及高糖饮料、甜点、洋快餐和膨化食品。“黄灯食品”包括谷类食品、薯类食品、全蛋（包括蛋黄）类食品、香蕉、葡萄和甜橘等水果。

2. 改变饱足感

肥胖儿童饱足感与正常儿童不同。正常儿童每餐吃到八九分饱即感满足，不再进食。肥胖儿童往往吃到十分饱还不满足，仍然要继续进食，直到十二分饱为止。父母应当逐渐改变他们的饱足感，首先减至十分饱，然后逐渐减至八九分饱，这样食量也就减少了1/4～1/3。这种措施与饥饿疗法不同，并不会损害儿童的身体健康。

3. 减慢进食速度

如果肥胖者学会细嚼慢咽地吃东西，他就会有时间对所吃的东西加以品尝，并且到时间会自然停止。如果吃得太快，可以让自己吃完一小份后暂停一会儿，然后再吃另一份。这两种方法并非引导肥胖者少吃，而是帮助他们掌握忍耐饥饿的技巧，用这些方法可使他们逐渐确定合理的食量。肥胖儿童进食速度也与正常儿童不同，他们往往狼吞虎咽，吃得又快又多。现已知，人进食以后，血糖会慢慢升高，当升至一定水平，就会刺激大脑，发出饱足感信号，于是人就会停止进食。若进食太快，血糖上升速度相对滞后，大脑发出饱足感信号相对较晚。同时，由于进食速度太快，在出现停止进食行为之前，人已超量进食。为了控制肥胖，必须教育孩子细嚼慢咽。

4. 减少静坐休息时间增加运动

餐后看电视、玩电子游戏等不良习惯都是儿童发生肥胖的原因。增加孩子的运动量，减少其看电视、玩电子游戏的时间都有利于儿童控制体重。家长还应注意激发肥胖儿童的运动兴趣，鼓励其坚持锻炼。在运动过程中，有意识安排竞赛、对抗性活动，让他们参与竞争，发挥潜力。这样能增强肥胖儿童的主动性，锻炼勇敢、顽强、果断的性格，提高自制能力，并磨炼出良好的意志品质。另外，肥胖儿童往往贪睡少动。因此，应当尽量减少他们的睡眠时间，学龄前儿童每天睡觉不要多于10个小时。

5. 监督与鼓励

父母应尽量避免让肥胖儿童单独进食，鼓励其与家人或朋友一起吃。需要减肥的儿童还可以在亲朋好友当中，挑选几个对自己有影响的人充当监督员，监督者在儿童定期完成减肥目标时可给予适当奖励。这些措施都可以帮助孩子控制饮食。在必要时，还可以鼓励孩子找一个同样需要减肥的儿童结成伙伴，互相鼓励和督促，取长补短，共同减肥。

☆儿童肥胖的心理治疗方法

肥胖儿童采用心理治疗方法，有时比饮食疗法和药物疗法更见效。因为儿童的心理正处于调整适应阶段，通过有效的心理调整，完全可以改变儿童的不良饮食习惯。儿童肥胖的心理治疗，可以采用以下方法：

——进行肥胖病知识的教育。通过举办儿童夏令营的形式，请有关专家讲授肥胖病的知识，提高儿童对肥胖病产生后果的认识，使儿童能够自觉自愿地接受减肥治疗。

——教会孩子科学的饮食习惯。告诉孩子不要过快地进食，实行定点定时进餐，减少零食。

——鼓励孩子多参加运动。教育孩子不要进食后就睡觉，不要在看电视时进餐，进食后要适当活动。

——鼓励孩子克服自卑心理。有时由于身体肥胖经常受到同伴的讥讽，此时应鼓励孩子面对现实，积极主动地参与减肥并坚持到底。

——帮助孩子建立行为减肥方案。

☆儿童肥胖不应使用成人减肥方法

儿童肥胖的治疗有别于成人肥胖，任何治疗措施都不应妨碍儿童正常的生长发育。因此，在成人阶段可以使用的手术去脂、药物减肥、饥饿疗法、禁食等手段，在儿童时期都不宜使用，因为这些方法都有可能对儿童的生长造成不利影响。

儿童减肥不应吃减肥保健品，比如减肥茶、减肥胶囊、减肥饼干等产品。减肥保健品作用机理大致有3类，即替食型减肥品、轻泻型减肥品及神经抑制型减肥品，最终通过缓泻作用、利尿作用以及发汗作用等使肌体组织细胞间水分排出体外，减肥的作用并不理想。儿童正处于生长发育阶段，需要足够的营养，如果用减肥药物连续抑制或变更食欲中枢的兴奋，就极易形成对食欲的抑制甚至诱发厌食症，这对儿童的健康有害无益。更为严重的是，很多保健品含有药物成分，会对儿童身体健康造成严重危害。

专家表示，减肥最有效的办法是限制饮食、改变孩子不良生活方式及合理运动。其中，运动是减肥的“良方”。

专家进一步说，肥胖孩子共同的特点是“懒得动”，因此，移动体重的运动，才是真正控制体重的运动。在家庭日常生活中设法让孩子“动起来”，哪怕没有多少运动量，至少可以使孩子处在运动中，比如多让孩子做家务，像叠被子、收拾碗筷、擦桌子、洗碗、给花浇水等，这些日常生活中的小动作不仅可以培养孩子的自理能力，还可以起到运动身体的作用。此外，父母要尽量多给孩子玩耍的机会，并与孩子一起运动。

关于儿童多动症

☆什么是儿童多动症

在幼儿园大班里总会有几个孩子无法适应集体生活，他们动作过多、坐不住、不能静心听课。注意力不集中、不听老师劝告、不遵守纪律、东走西跑、忙忙碌碌。想干什么就干什么、我行我素、不肯好好学习。到小学后，表现得更为突出，坐不住、小动作多、惹恼同学、不主动学习、咬铅笔、咬指甲。这些孩子看起来并不笨，但由于注意力不集中，在课堂上不能专心听讲，加之认知能力障碍，所以成绩差，常被人们称为"聪明的面孔笨肚肠"。有的天资较好，上一年级功课尚可，到二年级功课日深，表现耐心差，学习成绩下降。抓紧时，成绩好转，可是好景不长，成绩依然如故。这些问题引起国际上学者、专家及社会的关心、重视，经过多年的研究探索，取得一致的认识和看法，并称为儿童多动症。

多动症，医学名称为轻微脑损伤综合征（MBD），也叫学习技能障碍症。多动症是自从幼年就有的，可延续到成人，但以学龄儿童症状最为突出，据统计有 5%～10% 的学龄儿童患有多动症，男孩比女孩多，比例 5∶1，其中 65%～80%的多动症儿童出现学习困难。

☆儿童多动症分为几型

世界卫生组织 1978 年公布的《国际疾病诊断分类手册》第 9

版，将本病命名为“儿童期多动综合征”，共分为4型。

1型：单纯活动过多和注意障碍，以注意持续时间短暂和活动过多为主要表现，并无明显的行为障碍和发育迟延。

2型：伴有发育迟延的多动症，伴有言语发育迟延，笨拙，阅读困难或其他特殊技能的发育迟延。

3型：伴有行为障碍的多动症，伴有明显的行为障碍，但无发育迟延。

4型：其他。

美国精神病协会1980年出版的《精神障碍诊断和统计手册》第3版，把本病命名为“注意缺陷障碍”。共分为3型：

1型：注意缺陷障碍伴有多动，表现出与实际年龄不相称智力水平的注意困难、冲动任性和活动过多。

2型：注意缺陷障碍不伴多动，与上述症状相仿，但无活动过多，其他特征也较轻。

3型：注意缺陷障碍残留型，是指过去一段时期，患儿出现的症状符合1型标准，即注意缺陷障碍伴有多动，但目前活动过多已不存在，而注意缺陷障碍和冲动行为持续存在，从未缓解。

☆中医对儿童多动症的认识

中医认为：先天禀赋不足是本病的内因，加之后天失调、产伤以及教育不当等皆可导致本病。一般认为，对于症状较轻的患儿，如能及早发现，加强教育，改善生活环境，有些病儿可不用药物治疗。随着年龄的增长，到青春期，活动过多会逐渐减少，即使还有一些注意力涣散和情绪不稳，也不致影响他们的生活和学习。但对那些症状较重的患儿，必须服用药物或配合其他治疗，才能取得良好的效果，否则有可能发展成破坏性、攻击性行为或形成“成人多动症”，甚至转变为其他精神疾患。

人体正常生命活动和精神状态，是阴阳保持对立统一协调的结果，反之则易引起疾病。“阴亏阳躁”，神不宁、志无恒、情无常、性急躁，系由动静变化有所失制，阴静不足，阴不制阳，而阳动有余，阴阳失调所致，主要涉及心、肝、脾、肾四脏。

在弄清多动症病机特点之后，治疗强调调整阴阳平衡，从肾入手，突出“少年治肾”这一原则，以治肾为本，兼以平肝、清心、健脾、安神益智、祛痰化瘀、标本同治，调整内脏机能，平衡阴阳，消除症状。《素问·阴阳应象大论》中言“阴静阳躁”即阴主柔静，阳主刚躁，两者充盛和谐，相辅相成，则机体调节功能正常（如动与静，兴奋与抑制，亢进与减退等），协调而无病。小儿脏腑娇嫩，生机旺盛，有“纯阳”之称，由于迅速生长发育的需要，常常有精、津、液等物质的不足，所以小儿常有阳常有余、阴常不足等生理特点，阴不足则阳有余，阴亏不能制阳，阳失制约则出现兴奋不宁，多动不安，烦躁易怒等症，这种阳动有余的表现，并非阳气独盛，而是阴静不足所致。不足为虚，有余为实，多动症患儿多表现为神态涣散、健忘、动作迟缓、粗钝笨拙、有时尿频或遗尿等特点，脉象偏细，所以多动症儿童实质为本虚，标实。

☆儿童多动症的临床表现与特征

1. 注意力障碍

注意力障碍是诊断多动症的必须症状。多动症儿童注意力障碍主要是表现在注意的集中性、稳定性和选择性等特征上的异常。正常儿童在不同年龄阶段注意集中的时间不同，随着年龄增长而逐渐延长。

一般来说，2～3 岁时专注时间 10～12 分钟，5～6 岁达 12～15 分钟，7～10 岁为 20 分钟，10～12 岁为 25 分钟，12 岁以上可以达到 30 分钟以上。注意缺陷多动障碍（ADHD）的孩子专注时间短于上述范围，因此，他们很难维持注意较长时间去从事某一活动，每节课听 5～10 分钟就坚持不下去了，做事往往有始无终，不能完成父母分配的任务。做自己感兴趣的事情维持的时间可能会长一些。

他们从事一项活动时容易分心。因此，在上课时，只要听到教室内有一点响动，他的眼睛立即循声而去，窗户外面有人走过，马上转头张望。在家里做作业时，听到楼下小朋友的说话声会马上探头寻找或跑下楼去，具备典型的“蚂蟥听不得水响”的特性。这种注意力分散性与注意力选择性差有关，不能从同时感觉到的各种刺激中选择性地对某些刺激发生反应而忽视另外一些刺激。由于分心，所以对于完成的工作任务或学习任务，总是粗心大意，差错百出。尤其是一些需要有耐心去观察和完成的细节性任务更容易出错。经常丢三落四，把书本、铅笔、文具盒等学习用品或生活用品丢失在家或忘在学校。做作业拖拖拉拉也是这类儿童常见的症状，只有 1 个小时的作业，他们常常拖拖拉拉，一会儿喝水、一会儿上厕所、一会儿玩东西，2～3 个小时也完不成，需要家长在旁边时时督促，甚至考试时也因注意力不集中而做不完卷子。

不同个体对不同刺激的敏感性不同，有的儿童接受视觉刺激不专心，有的儿童接受听觉刺激不专心，而另外一些患儿对视觉和听觉刺激均不专心。据研究及临床观察，多动症儿童更多的是表现为对听觉刺激目标的注意缺陷。有视觉注意障碍时，表现为不喜欢看书，阅读时粗心马虎，容易出错。有听觉注意障碍时，上课听课特别不专心，平常别人对他说话他似听非听，甚至给人他的耳朵有问题的感觉。因此，这些孩子难以服从指令完成任务，甚至要大人不断地发出语言命令时才开始去执行任务。

2. 冲动控制能力差

冲动控制能力差表现为耐心差，不能等待，对挫折的耐受能力低。所以，常常是别人话还没说完，他们就抢着回答。在与别人交流时也不把别人的话听完就插嘴，不能耐心地倾听别人说话往往是这类儿童的突出特点。考试中粗心大意，从来不会检查核对，常常丢掉一些题目未做或把本来计算正确的结果抄错，甚至试卷的背面还未翻过来看就交卷，导致考试成绩不好。在集体游戏或比赛中不能遵照游戏规则，不能等待着按顺序轮流进行，而是插队抢先。经常去干扰其他儿童的活动，与同伴发生冲突，不受人欢迎。平常行为鲁莽，行事不考虑后果，凭一时冲动，把原本良好的愿望变成不好的结果。当他们有要求时，必须立即得到满足，不能等待；遇到挫折时不能忍受，出现激烈的情绪波动和冲动行为，甚至常常会动手打人，导致别人受伤害。由于难以接受社会性规矩的约束，经常违反校规校纪，受到老师的批评，学校的处罚。而且这些错误经常重复发生，难以改正。

过去认为冲动控制差这一症状在诊断多动症中的地位次于注意力障碍和多动。但是，近年来认知理论强调冲动性在多动症中的地位，认知模式是高级执行功能的缺陷，行为反应抑制缺陷或抑制延迟是多动症的核心症状。多动症的抑制能力差是由于行为抑制系统与行为激活系统的不平衡引起。这两种系统控制着儿童对惩罚和奖赏信号的反应。行为抑制系统受惩罚和非奖赏信号激活而产生的反应抑制。相反，行为激活系统受奖赏信号激活而产生行为激活。多动症儿童行为抑制系统功能降低，不能根据惩罚和非奖赏性信号及时抑制自己的冲动。

3. 活动过度

(1)活动过多

患儿躯体活动明显地比别的儿童多，精力旺盛，不能安静下来。因此他们喜欢户外活动而不喜欢待在家中，走路时不是“走”而是“跑”，很难“老老实实”地让大人牵着手行走，常从大人手中挣脱出来跑在前面。行走时不是走在路中间，而是在路旁跳来跳去，或是绕着障碍物行走。过马路时不怕危险，快速地奔跑。到需要安静的公共场所也不安静，总是让大人为他绷着一根弦，担心他们的安危。

在家里，儿童不能安静地坐下来，常常从一张椅子跳到另外一张椅子上，站到沙发靠背上，爬到桌子上，家里的弹簧床成了他们的“跳床”，家具经常被他们弄坏。翻箱倒柜，不能动的东西他要去动，如拨弄电插座，扳倒开水瓶，导致经常受伤，搞得家里人不得安宁。

在学校，上课不安静，做小动作，玩文具、书本，用手去撩拨邻座同学，弄出噪声。下课后不安静地待在教室里，总是在教室内外与别的同学追追打打，高声叫喊，严重影响学校秩序。

(2)小动作过多

除了上述躯体活动增多以外，多动症儿童的小动作也明显增多。如坐着时不安静，有如“陀螺”一样不断地转动，好像有针刺在屁股上不舒服而扭来扭去。上课和做作业时双手也停不下来，总是玩东西，把书页的边卷来卷去，以致学期未结束课本就破烂得不能用了。有的儿童手中没有东西玩就咬手指和指甲，咬铅笔。做作业过程中总是离开座位，一会儿去喝水，一会儿又去上厕所或者这里摸一摸，那里动一下。部分儿童主要表现为小动作的增多，而在外跑跑跳跳的大范围活动增多并不明显。因此，对于这一部分患儿，只有长期与儿童接触的老师和家长才能发现他们的多动，不熟悉的人总觉得他们乖。

(3)语言过多

多动儿童往往也会表现出语言的增多。平常好争吵，爱插嘴，很难静下来倾听别人的谈话。在课堂上喜欢同旁边的同学说话，回答问题时经常会在老师的问题还未说完就抢着回答，以致回答错误。有的患儿好出风头，经常在课堂上弄出一些噪声或说出一些引起别人好笑的话而吸引别人的注意，搞得全教室哄堂大笑。

4. 学习困难

多动症儿童的学业成就一般都会受到影响，表现为学习成绩的下降。但是，不同患儿学习成绩下降的程度不同。有的儿童成绩很差，可能不及格，有的儿童成绩能达到班级的中等水平。学习成绩下降的时间也不一致，有的在开始入学后就出现，多数在 3 年级以后出现，少数在初中才发生。一般各门功课都会下降，但随儿童对不同科目兴趣的不同而有区别，不喜欢的下降明显，感兴趣的保持较好。学习成绩与智力水平高低、儿童本身认知特点、是否合并学习障碍、学习行为、学习兴趣和家庭背景等心里社会因素有关。有些患儿成绩下降不明显，甚至到初中后才表现出来，可能是他们的症状相对较轻、智力水平高、家庭对儿童的管理比较成功。另外，多动症患儿成绩往往具有很大的波动性，家长与老师管得严格一些时就上升，放松管理后又下降到低谷。多动症儿童几乎90%学习成绩差。

5. 感知觉功能异常

多动症一般没有神经系统的异常，但是部分患儿存在感知觉功能以及中枢神经生理功能的异常。翻掌等活动不灵活，拿筷子、握笔书写、扣纽扣、系鞋带、做手工操作等动作笨拙，手一眼协调性差，视一运动功能障碍，视一听转换障碍，空间位置障碍，左右分辨困难，眼球轻微震颤，阅读时眼球运动不协调，认字时把偏旁相近的字搞混淆，如 6 与 9，b 与 p 之间区分困难。

6. 品行问题

部分多动症患儿伴有违抗性、攻击性和反社会性行为，如在家违抗父母的命令，故意与父母对着干，在学校不听老师的话，违反学校纪律。说谎，打架，逃学，旷课，外出不归。这些患儿可能同时符合品行障碍或对立违抗性障碍的诊断标准。研究发现 13.8% 的多动症儿童同时伴有品行障碍。

多动症患儿伴发品行问题，与自身的心理素质因素及外界环境因素有关。因为他们控制能力差，对环境的抑制性信息反应功能低下，难以接受约束和控制，容易违反社会常规。环境对他们往往做出比正常儿童更多的负性反应，而这对患儿发展为品行问题起到推波助澜的作用。

7. 社交问题

大约一半以上多动症患儿有社会问题，他们常常在学校很孤独，感到没有朋友。发生这些问题的原因是他们在与小伙伴的交往中常常以自我为中心，对别人发号施令，干扰别人游戏；他们常缺乏社交技能，不尊敬长辈，不能与小伙伴合作，在游戏时不守规则，不能依次轮流等待；他们不能体察别人的感受，例如开玩笑引起别人恼怒时不能及时转换话题；对人有敌意，遇事总是从坏的方面猜测别人，在和同学产生矛盾时常采用语言和躯体攻击的方式解决……因而不受小朋友欢迎。为此他们总喜欢找和他们一样有类似行为的孩子在一起玩。如果儿童合并对立违抗障碍和品行障碍，其社交问题往往更严重。影响社交关系的另一个原因是这些儿童自我调节情绪存在困难。

8. 情绪问题

情绪问题在多动症中也比较多见，如表现烦躁不安，容易激怒、不高兴，遇到不愉快的事不能通过自我调节来缓解自己的不快，而总是发脾气，起极端，甚至出现对抗大人、攻击他人的行为。

多动症患儿常常伴有自我评价降低，自信心差，把自己看成是不快乐、不幸福、不成功和无能的人。国内专家曾以 Piers－Harris 儿童自我意识量表评价多动症患儿的自我意识状况，发现他们对自己总的评价以及行为、智力与学校情况、幸福与满足感等方面的评价低于正常儿童，比正常儿童更加焦虑和不合群。这一结果反映了多动症患儿的自我意识水平偏低，同时也反映了他们有情绪异常。

这些儿童由于注意力障碍、多动、冲动控制力差等症状的存在，导致学习成绩低下，生活中经常受到挫折和失败，受到同伴的排斥，因而变得缺乏自信和自尊，导致自我意识水平的降低，这是多动症患儿自暴自弃、向品行障碍发展的一个重要中间环节。另外，由于他们的行为不能符合大人的要求，而外界环境可能又给他们过高的压力与批评指责，自身状态与环境之间出现冲突，从而产生情绪问题。

☆多动症儿童的心态表现

1. 多动症儿童的心理缺陷

儿童患有多动症后，其身心状态发生很大变化，产生许多缺陷，注意力涣散，情绪激动或消极悲观，学习困难等。而最突出的缺陷表现在：对周围事物感知缓慢，范围狭窄，分辨力弱，缺乏认知的主动性和积极性，从而心理上发生障碍、孤僻、时间观念淡化等一系列问题。

感知是人的感觉和知觉，通过视、听、触、味、嗅等感觉器官来认识客观世界的过程。其中，视觉和听觉是最重要的认知基础，然而多动症儿童却对外界的事物“视而不见、充耳不闻”，失去敏感，上课不能专心听讲，心不在焉，看书、看黑板常常顾此失彼，甚至东张西望，不知所措。视觉缺乏主动性和定向性，听觉缺乏分辨性和协调性，从而注意力无法集中，感觉接受发生困难。同样，时间观念的缺陷也使多动症儿童出现认知障碍，如上学迟到早退，忘记做作业，办事拖延，写字抄错或漏抄，没有方向意识，上下左右不分，等等。

儿童感知上的缺陷使之对事物的认识和体验发生偏离，从而心理变得异常，意志薄弱，性格波动。多动症儿童性格往往孤僻、任性，自控力差。

2. 多动症儿童的注意活动过程

注意的活动过程分为三个环节:注意的选择、维持和转移。注意力的强度、稳定性和范围体现了心理活动对一定对象的指定和集中的程度,而多动症儿童的注意活动过程往往发生障碍,注意力不能高度集中,注意时间短暂,注意不稳定,范围狭窄且容易分心,不善于分配注意力,这也是其主要特点。

注意的选择性差:注意分为无意注意和有意注意,多动症儿童无意注意占优势,对周围环境的变化、出现的新的刺激容易引起反应,该有意注意的事物却看不到。他们在家做作业时,总会听大人的谈话,窗外的吵闹声;上学路上也会被商店的玩具吸引,忘记上学。他们的注意力是不自觉的、无目的的,见到什么就去看、去做,不知道去辨别到底应不应该做。

注意难以维持:注意不能高度集中,保持时间短暂。儿童上学以后,学习对他们来说是一件持久而艰苦的劳动,没有兴趣是不行的,上课专心听讲、按时完成作业是必须要做到的,这需要注意力高度集中,不能再像过去那样贪玩了。但是,多动症儿童的学习主动性和自觉性很差,上课小动作不断,作业得让父母督促。同时,他们的注意力也难以持久,一般对10~12岁的学生来说保持40分钟连续学习并不困难,而多动症儿童很难做到这一点。

注意的转移性差:多动症儿童的注意范围比较狭窄,掌握的数量明显少于一般儿童,而且注意稳定性差,难以保持注意力,他们不能掌握和理解课文的全部内容,学习成绩波动也很大。这反映出他们的注意广度不够,注意力不稳定,并不是智力低下所致。同样,他们的协调性很差,不善于分配注意力,极易分心。完成某项任务需要眼、耳、脑、手分别控制并相互配合,如上课时眼要看书、黑板,耳要听讲,又要动脑思考,动手做笔记,这时他们会显得手忙脚乱,无所适从。

3. 多动症儿童的记忆障碍

记忆包括识记、保持和回忆三个基本阶段，多动症儿童识记过程的速度较慢，记忆保持的时间较短，容易遗忘，记忆的再认不够准确，不够稳定，对识记材料的选择、加工和分类能力较弱。

记忆分为无意识记忆和有意识记忆。学龄前儿童的记忆以无意识记忆和机械记忆为主，学龄儿童的有意识记忆已有很大发展。但是患有多动症的儿童在记忆的速度和时间、稳定性等方面会发生障碍。

记忆速度缓慢，保持时间短暂：记忆的形成是建立在注意的基础上，先得把注意到的东西感知才能进入记忆，这时的记忆也只能是短时记忆，只有注意不断持续反复才能形成长期记忆。多动症儿童注意力不能集中起来，不能专心听讲，所以对知识的掌握也就缓慢，背课文也要花费比一般儿童多得多的时间。有时多动症儿童对识记材料也能在短时间内记住，但是印象不深，容易忘记，对老师讲的内容、布置的作业都难以保持长时间记忆，学习成绩自然也就很差了。

记忆的再认不准确，不稳定，选择分类能力较弱：多动症儿童的记忆不稳定，不牢固，对学过的东西记得不全面，再认时漏洞百出，前后颠倒，有时记着的也会突然忘记。如平常能背出的课文到课堂上便背不上来了，平时能记忆的公式，考试时就用不上了。多动症儿童记忆的选择、加工、分类能力较弱，不会有选择地记住重要的东西，对形象直观的东西能够靠机械记忆记住，但那些抽象、间接的记忆内容则发生困难。如数字题一般套用公式的计算困难不大，但遇到应用题就理解不了；背诵课文只背诵原文还行，让复述段落大意就抓不住要点，困难重重了。

4. 多动症儿童的思维活动

思维是人脑对客观事物间接的、概括的反射活动，它是对感知材料的综合分析、抽象概括的过程。想象是一种特殊思维活动形式，是从记忆的形象中提取改造形成新形象的过程。多动症儿童的思维和想象具备以下特征：

抽象思维发展缓慢，概括能力缺乏：多动症儿童的思维往往驻留在具体形象思维水平，无法深刻而准确地分析感知材料，形成较高水平的抽象思维，发展速度非常缓慢。看故事只能记住某些情节不知道其中包含的道理，写作文也是平铺直叙，不会概括或加上自己的观点。由于抽象思维发展滞后，概括能力、分析事物的本质形成概念就显得更为困难，他们对猫、狗等具体动物的特征把握还比较容易，能形成"动物"这个概念，但具体让区别开"野兽"和"家禽"这样的概念就容易混淆了。而像数学课里的"长方形"、"正方形"那样的抽象概念理解起来就更难了，这是儿童成绩提高不上去的重要原因。

思维过程连贯性和稳定性差：多动症儿童的注意力分散，无法长时间集中思考某个问题，从而思想时而分散，时而集中，断断续续，不连贯，不稳定，他们做作业可能做着做着就想起了什么玩具了，写作文写着写着就跑题了，这种情况可能是多动症儿童学习成绩经常波动的一个重要原因。

无意想象占优势，缺乏主动性和创造性：无意想象是一种不自觉、没有目的性的想象活动，多动症儿童不是没有丰富的想象力，而是想象显得杂乱无章，没有定向。他们一会儿想当大画家，一会儿想当科学家，而且看别人想当什么，他也就跟着人云亦云，因此，他们的想象具有模仿和重复性，缺乏独立意识和创造性，只能直观地把具体的形象印在脑子里，不能深入分析和改造形成新形象。正常儿童对看过的许多动画片会熟记于心，并且他们也会编讲丰富多彩的童话故事，这是想象和思维的综合创造过程，需要有意识地筛选记忆中的形象，经过加工后，塑造出新的人物情节，多动症儿童的思维缺乏创造性，是难以做到的。

5. 多动症儿童易激怒

多动症儿童易激怒，是指他们的情感波动不稳定，意志脆弱，情感发展很缓慢、幼稚，而且逆反心理严重，易产生对抗情绪，自控力不足，是一种异常情感。

情感不稳定，意志薄弱：多动症儿童常因一些小事而大发脾气，情感很不稳定，行为带有冲动性，控制能力较差，他们不善于独立地、自觉地提出行动目的和动机，没有明确的理想和追求，缺少克服困难的毅力和持之以恒的耐力。他们常常与别的小朋友吵嘴、打架，遇到不顺心的事就大吵大闹，一批评就“潸然泪下”，再安慰又“破涕为笑”。他们不善于支配时间，作业也不能坚持做完，上学是被爸爸妈妈“逼”去的，等等。这都是多动症儿童的突出表现。

情感不成熟，效能作用不明显：多动症儿童的情感在许多方面非常幼稚，自制力差，就像幼儿一样感情直露，时哭时笑，不喜欢做功课却喜欢和比自己小的伙伴玩，喜欢玩游戏机，对考试成绩漠不关心，批评后也不害羞，有错误缺点也不改正，学习成绩不好，打骂无济于事并可能适得其反，对这样的儿童需要更加耐心地帮助他们，关心他们，尽量提高他们的情感效能作用，这对孩子情感的成熟也有很大的作用。

易激怒：多动症儿童的一个严重缺陷是不能控制自己的感情，加上某些家长性格暴躁，教育孩子方法不当，使孩子产生逆反心理和对抗情绪，很容易被激怒。没有家长督促时，他们则不学习，只顾玩或看电视，家长一干预就发脾气，要是加上打骂孩子，孩子也有可能发生强烈情感暴发，失去理智，破坏物品、伤人或自伤。当然，过分溺爱孩子，对其百依百顺，也会使之稍不称心便脾气大发，如他在看电视，家长把电视关掉让他去做作业，他就会大闹一番，作业也做不好。

6. 多动症儿童的恐惧与焦虑

有的儿童多动症状不明显，却又会发生另一种倾向——焦虑。

他们老是内心紧张，担心自己会遭到训斥或惩罚，担心自己会有一种不祥的征兆发生。焦虑程度过深就会产生恐惧。因为学习成绩不好常常受家长老师的批评，使他们内心十分紧张，上课更不能用心听讲，学习成为他们一项沉重的负担，整天提心吊胆，害怕老师批评、同学讥笑、家长惩罚，而他们无法克服困难，矛盾重重。这也是很应该值得注意的倾向，尤其是小女孩这种症状更明显些。

☆多动症儿童在学龄前有哪些表现

在临床上诊疗过程中，发现多动症患儿在各年龄期各有不同表现，根据各年龄阶段特点，具有特殊的表现：

1. 新生儿期： 有神经不稳定的表现，易兴奋、好哭，睡眠障碍，易惊醒、惊跳、夜哭，要抱着睡或嗜睡。

2. 婴儿期： 抱在怀里乱动、不安宁、好哭、容易激怒、发脾气，孩子的母亲常抱怨孩子难带。

3. 幼儿期： 此时多动特别明显，走路不稳，狂奔乱跑，一刻不停，易摔跤；注意障碍此时已经出现，不听大人的话，难管教，注意力难以集中，东张西望，心神不宁，睡眠不安，喂食困难，乱丢玩具，虐待小动物，遗尿，等等。

4. 学龄前期： 症状逐渐明显，在幼儿园有多动表现，不守规则，不能静坐，注意力不集中，不听课，学习困难，随意走动，不服管，和其他小朋友不能友好相处，不肯午睡，常被老师惩罚。

☆儿童多动症的诊断标准

根据国际诊断标准，这类儿童必须有注意力涣散、冲动任性、活动过多三个特征。

1. 注意力涣散(至少具备下列3项)

(1)做事情往往有始无终。

(2)上课常常不听讲。

(3)注意力容易随境转移。

(4)很难集中思想做功课和从事其他需要长时间集中注意的事情。

(5)很难坚持做某一种游戏或玩耍。

2. 冲动任性(至少具备下列一项)

(1)往往想到什么就做什么。

(2)过于频繁地从一种活动转移到另一种活动。

(3)不能有条不紊地做事情。

(4)需要他人予以督促照料。

(5)常在教室里突然大声叫喊。

(6)在游戏或集体活动中不能耐心地等待轮换。

3. 活动过多(至少具备下列两项)

(1)坐立不安。

(2)经常奔跑。

(3)难以待在教室座位上。

(4)躺在床上还常常扭动翻身。

(5)终日忙忙碌碌,没完没了。

(6)7岁以前开始出现多动现象。

(7)至少持续6个月以上。

在应用上述诊断标准时,应注意以下几点:

第一,在允许的活动场合,如下课、放学后,不管孩子的活动多么厉害,也无诊断意义;只有在不该活动的场合,如上课时、做作业时,他仍约束不住自己,始终动个不停,才有诊断意义。

第二,只有活动过度,而无注意力涣散,不能诊断为多动症。相反,若注意力涣散明显,而无活动过度,才应考虑多动症的可能。

在美国，从 1979 年起，根据多动症最为常见和突出的症状是注意力集中困难，已把“多动症”改称为“注意缺陷症”，并分为“注意缺陷伴多动”及“注意缺陷不伴多动”两种，后者也就是“不伴多动的多动症”。

☆多动症诊断标准量表

项目（症状或行为）	程度·分数			
	无	有一点	多	很多
1. 上课时注意力不集中，思想容易开小差	0	4	7	9
2. 活动过多，常常手脚动个不停或好捉弄人	0	3	6	8
3. 脾气暴躁，情绪不稳，所提要求必须立即满足	0	2	4	6
4. 一事未完成又换另一事，做事冒险或有头无尾	0	2	4	6
5. 作业难以完成或边做边玩	0	3	5	7
6. 智力正常，但学习成绩较差或时好时坏	0	3	6	8
7. 常常干扰或打断别人的说话和活动	0	1	2	3
8. 有说谎、打架、逃学或偷窃行为	0	3	5	7
9. 3 岁以后仍不能控制排尿或常常睡眠易惊	0	2	4	6
10. 想改正自身毛病却又无法控制	0	2	4	6
11. 所受家庭教育过分严格或过分溺爱	0	3	5	8
12. 记忆力较差或脑电图轻度异常（未做的不答）	0	1	2	3

备注：总分在 26 分（含 26 分）以上者，即有多动症可能，分数越高则可能性越大；分数在 30 分以上者，即可确定为儿童多动症，会不同程度地影响其正常的学习和生活。

☆儿童多动症的简易检查方法

在多动症儿童的体格检查中，多动症患儿一般并无明显异常的阳性体征，在临床中，也可出现一些轻微的神经体征，这些神经体征又有别于麻木、瘫痪等“硬性”体征，因此，对一些无定性或定位价值的轻微神经体征，称为“软性”神经体征。

在临床中常用的，并且对多动症患儿有参考价值的，有以下几种简单检查方法：

1. 翻手试验：令被检查儿童将双手并置于桌上，手心向下，拇指置于掌心，余四指均并拢，并将两手的食指靠紧并拢，然后，把双手都翻过来，将两食指两小指靠紧并拢，此后将双手翻过来，就这样限定在原位反复翻动双手，并渐渐加快速度，这时，要观察肘部摆动的幅度、双手翻动时的姿势及双手是否还能并拢等。肘部摆动超过一个肘部的宽度，而且翻手姿势笨拙，不协调者为阳性。

2. 指鼻试验：让受检儿童先用左手食指，后用右手食指，指自己的鼻尖，睁眼和闭眼各指鼻 5 次，此时，观察患儿在指鼻过程中的协调性和速度，多动症儿童往往动作过重，笨拙，错误次数多，尤其闭眼时，错误更明显。

3. 点指试验：让受试者一手握拳，另一只手用拇指依次接触其他手指指端，然后，另一只手重复上述同样的动作，亦可正反两方向接触其他手指（食指—中指—无名指—小指或小指—无名指—中指—食指）。此时，观察受试儿童点指动作的协调性，如不能快速灵活地完成此项试验，即为阳性。

☆男孩多动症与女孩多动症有什么不同

男孩生性较女孩爱动，爱动的占多数，文静的较少；而女孩文静的占大多数，爱动的较少。

如有多动症存在，男孩的多动症状较为突出，而女孩的多动症状较少，多表现为不多动型，即发呆型。因此容易使人认为男孩的多动症发病率高，女孩的多动症发病率低。多动症患儿男女性别之比，国外认为一般是(4～9)∶1，国内为(2～5)∶1。

我国专家用美国注意力障碍多动症协会的诊断标准，对我国儿童多动症进行调查，调查结果显示，去掉男孩个性较女孩多动的因素后，侧重在自控能力、注意力障碍方面，则男女患儿之比为(1～1.5)∶1。

☆引发儿童多动症的原因有哪些

1. 脑神经递质数量不足

有人认为，多动症的发生，可能是由于脑神经递质数量不足，往往不能及时传递而造成的一种病态。

脑内神经递质(如去甲肾上腺素、多巴胺)浓度降低，可降低中枢神经系统的抑制活动，使孩子动作增多。而治疗多动症的药物，其化学结构与去甲肾上腺素相似，服药后，可通过各种途径增加去甲肾上腺素的含量，使患儿动作减少，因此，多动症患儿必须服药治疗。

2. 脑组织器质性损害

大约85%的患儿是由于额叶或尾状核功能障碍所致，包括：(1)母亲孕期疾病：高血压、肾炎、贫血、低热、先兆流产、感冒等。(2)分娩过程异常：早产、钳产、剖腹产、窒息、颅内出血等。(3)出生后1～2年内，中枢神经系统有感染及外伤的患儿，发生多动症的机会较多。

3. 遗传因素

大约40%的多动症患儿的父母，其同胞和其他亲属，在其童年也患此病，单卵孪生儿中多动症的发病率较双卵孪生儿明显增高，多动症同胞比半同胞(同母异父、异母同父)的患病率高，而且也高于一般孩子，上述几点均提示遗传因素与多动症关系密切。

4. 心理及精神因素

家庭内部关系紧张，家长对孩子要求过严，教育方式简单粗暴，学校内受到体罚歧视，老师不耐心，均可使孩子在精神上受到重大创伤，若长期过分的心理紧张，情感压抑，最后发生主观行为紊乱，再加上不良的社会环境，单亲家庭父母性格粗暴，均可造成孩子心理及精神的障碍。

5. 饮食因素

多动症的患儿都喜欢吃糖，糖摄入过多，可使体内释放血清素，心脑中血清素可引起情绪不稳和注意力不集中，还有人提出小儿摄入过多的酪氨酸如酸奶和奶酪也与多动有关。

6. 微量元素的影响

高铅低镁与多动症有关，因为血铅＞100 微克/升，即能抑制脑中酶的活性，干扰神经递质的代谢，影响患儿的智力、记忆力、视觉运动、听觉运动功能，自控能力下降。有人指出血铅＞60 微克/升，即有脑电生理的变化，会引起患儿行为异常，缺铁致使多巴胺受体功能障碍，出现易怒、不安、注意力不集中多动症状。

7. 小儿额颞功能失调与本病发病有关

有人认为多动症也与小儿大脑额颞发育不健全、抑制作用缺陷有关，也可能是大脑额颞发育迟缓，随着年龄增长，症状有所缓解。

8. 其他因素

近年，许多独生子女家长“望子成龙”心切，由于教育方法不当及早期智力开发过量，使外界环境的压力远远超过了孩子力所能及的程度，是当前造成儿童多动症（注意力涣散、多动）的原因之一。另外，吃了食物中的人工染料，摄入含铅量过度的饮食（不一定达到铅中毒）也会导致多动。

此外，国内资料表明，在多动症患儿的不良家庭教育方式中，家长中所谓的“严格管教者”占 61.7%，放任不管者占 3.5%，过分溺爱者占 7.05%。国外亦有学者认为，暴力式的管教，会使患儿症状发展，并增加新的症状，如口吃、挤眉、眨眼。而对患儿漠不关心、放任自流和过于溺爱等，常可能促使症状出现，或使已有的症状加重。

☆多动症的环境诱发因素

很多家庭和社会因素可能不是多动症的直接原因，单独存在也不一定会造成多动症，但一经出现，就会对多动症的患儿有重要意义。

1. 家庭因素： 做父母的经验有限，慢性酒精中毒，家庭内暴力，对子女的性虐待、躯体虐待和心理虐待，家庭经济困难，住房拥挤，忽视孩子的物质和心理需求，缺乏父母照顾，家庭气氛紧张，家庭环境差，分居或离异家庭，父母死亡，居无定所，在一些关键问题上父母观点不一致或者存在严重冲突，对孩子的成功抱有较高的期望，给予较大的压力，教育方法不当，等等。

2. 家庭外的因素： 学校因素是不可忽视的原因之一，学校风气不正，学习观点不明确，学习没有兴趣，学习压力过重，过分强调分数而忽视心理健康，学校气氛活泼不足严肃有余，老师教育方法不当等。

3. 社会因素： 城市化和现代化步伐增快，电影电视内容的影响，电脑游戏的引诱，人们世界观、人生观和价值观的改变，社会道德规范的削弱，等等。

☆儿童多动症有哪些危害

儿童多动症对个人、家庭、学校、社会等各方面都能造成程度不等的危害：

1. 对个人的危害

轻微多动症儿童只是在学习上不能专心，不能主动去学，造成学习成绩下降；在行为上不能自控，表现为不服管束，被人歧视。重症多动症儿童则学习成绩明显下降，不能跟班，难以读完小学及

初中。在行为上惹是生非，干扰他人。随着年龄增长，因无法自控易受不良影响和引诱，可发生打架斗殴、说谎偷窃，甚至走上犯罪的道路。

2. 对家庭的危害

多动症儿童学习不仅成绩较差，还厌学、逃学，扰乱课堂秩序，因此常常被老师叫去批评，使家长又羞愧又恼火，回家后便对孩子进行责骂、棍棒教育。有的高价请家庭教师，浪费大量时间和金钱也无济于事；有的使孩子对家长产生对抗、仇恨情绪，影响家庭和睦。

3. 对学校的危害

在学校里，多动症儿童经常扰乱课堂秩序，打架斗殴，偷窃破坏，成绩低下，即使老师花很大精力也收效甚微。如果一个班多几个这样的孩子，则教学质量必然受到影响，使老师特别恼火，总想让他们留级，甚至把他们开除。

4. 对社会的危害

多动症儿童如不及时治疗，到成人后由于自控能力差，冲动，好逸恶劳，贪图享受，往往犯罪率较高，并屡教不改成为惯犯，影响社会安定及人民生命财产的安全。

多动症是儿童期最为常见的一种心理行为障碍，已引起了广大家长、老师、医务工作者及全社会的广泛关注。患了多动症后，尤其是重症或有共病的患儿，如果不能得到及时的诊断和治疗，病情会逐渐加重，不仅会影响自己的学习和生活，而且还会给家庭、学校和社会造成极大的伤害，也给家庭和社会带来沉重的负担。

多动症呈慢性过程，症状持续多年，甚至终身存在。约70%的患儿症状会持续到青春期，30%的患儿症状会持续终身。更甚的是，因为孩童时期的忽略，会导致成人无论在工作表现、日常生活或人际关系的互动上产生困扰，以至于陷入自信心不足、挫折、沮丧、不明的脾气暴躁，甚至产生忧郁症。另外，继发或共患破坏性行为障碍及情绪障碍的危险性也提高，成年期物质依赖、反社会人格障碍和违法犯罪的风险亦可能增加。

☆如何正确认识多动症及其危害性

1. 多动症是一种病态心理，是一种疾病，而且是一个长期、慢性的病理过程。要求家庭、学校、社会多方面进行长期帮助，尽早识别。

2. 多动症不会完全自愈，但又是可以治愈的疾病，疗效可达90%以上。治疗要因人而异，对病情轻的进行心理治疗和行为矫正；对病情较重的进行药物治疗，根据个体差异，从小剂量开始，逐渐增加到显效量，但不能超过允许量，服药要维持半年以上。

3. 如不治疗，任其发展，危害是很大的。不但会出现打架、偷盗等行为，甚至会发展到青少年犯罪的程度。我国有10%以上儿童多动症的发生率，青少年犯罪与多动症有一定联系，到成年后也会有性格障碍，在社会人际关系及工作上都会不适应。所以对儿童多动症一定要提高认识，及时诊断，及早治疗。

☆儿童多动症与学习困难的关系

儿童多动症与学习困难有一定的相连关系，因为儿童多动症主要的症状表现——注意力集中困难。而注意力集中困难，上课不注意听讲，不能全面掌握学习内容；又由于自控能力差，上课多动，不能坚持、深入、耐心等，加上老师布置的作业做得粗心大意、马虎潦草、边做边玩，考试时又不认真答卷、常看错题、漏题，因而严重地影响学习成绩。他们在学习成绩上突出的表现为抓一抓就上去，不抓紧就下降，忽上忽下，波动很大，呈跳板样，长此下去，成绩每况愈下，有的不及格甚至留级。

多动症儿童还有认识机能障碍，可有听觉、视觉认识机能障碍，表现为临摹图画时，不能按照图形排列，他们常常知道自己作业做得不完善，但无能力纠正。

据统计，约有70％～85％的多动儿童表现学习困难，跟不上班。

☆用什么方法来衡量是否儿童多动症

国际国内权威的统一贯用的行为诊断量表有：美国康奈尔儿童多动症诊断行为量表及上海市多动症协作组制定的儿童多动症行为量表，现将这两种诊断量表简介如下：

1. 美国简化康奈尔儿童行为量表：

①活动过多，一刻不停。（　）②兴奋活动，容易冲动。（　）③惹恼其他儿童。（　）④做事不能有始有终。（　）⑤坐立不安。（　）⑥注意力不集中、容易分散。（　）⑦必须立即满足要求、容易灰心丧气。（　）⑧经常易哭。（　）⑨情绪变化迅速剧烈。（　）⑩勃然大怒或出现意料不到的行为。（　）

以上多项按活动程序分别填写分数。评判：0分—没有；1分—稍有；2分较多；3分很多。总分超过10分有诊断意义。

2. 上海市多动症协作组制定的儿童多动症行为量表：

①上课时坐立不安。（　）②上课时经常讲话。（　）③上课时小动作多。（　）④发言不举手。（　）⑤不专心，东张西望，易因外界干扰而分心。（　）⑥情绪变化快，易与人争吵。（　）⑦常惹人、干扰人活动。（　）⑧不能平心静气玩耍。（　）⑨做事心血来潮，想做什么就做什么，往往有始无终。（　）⑩做事不计后果如何。（　）⑪随便拿父母的钱，或在外偷窃。（　）⑫丢三落四，记忆力差。（　）⑬学习成绩差。（　）⑭说谎、骂人打架。（　）

以上项目按频繁或严重程度分别填3、2、1，无此表现者填0，以10分以上为阳性。

☆儿童好动≠儿童多动症

由于心理学知识的普及，儿童多动症这一概念逐渐被人们所认识。但是，不少家长朋友把儿童的好动和儿童多动症画了等号，这就把儿童多动症的外延人为地扩大了。

儿童多动症的症状主要表现为活动过多，注意力难以集中，情绪不稳，有的还有一些感知障碍（如动作笨拙，发音存在缺陷、口吃、吐字不清等）。多动症的病因有遗传、神经心理（如与中枢神经系统成熟延迟有关）、轻微脑损伤、生物化学（如与中枢神经递质代谢缺陷有关）、社会心理方面的因素，等等。

1. 儿童"好动"是天性

尽管有些孩子的确很好动，很像多动症的症状，但是并非就是多动症。为什么这样说？多动症之外造成孩子好动的情况有哪些呢？

一是年龄特征　孩子年龄小，活泼好动是他们的本性，是再正常不过的事。这是孩子和大人的一个最明显的外在区别。反之，小小孩童像个大人似的沉稳不动，倒真是个令人担忧的事了。

二是气质特征　人的气质有不同的类型，有一种类型叫做多血质。多血质的孩子的明显特点就是活泼好动，情绪不稳，注意和兴趣容易转移，做事常常不够专心。年龄越小，气质类型的特征就越明显。这也是很正常的事。

三是智力特征　人的智力是有差别的。有的孩子智力确实比一般孩子明显高出一截。这样的孩子和一般的孩子在一起上学，教学内容就会让他们"吃不饱"，他们就学有余力。这些多余的精力怎么办？孩子是不会安排自己的精力的。于是，就常常表现为不注意听讲，活泼好动，时间一长还会形成习惯。结果，让人没

看出他们有多少聪明却看到了他们的多动。相反，另一些孩子可能是知识上有了较多的缺漏，失去兴趣和信心，因而面对课本和作业难于集中注意，总想做点别的活动。

四是教养习惯　有些孩子还会因为从小教养失当，养成了不能安静的习惯。习惯一经形成是很难改变的，也常常表现为多动。

五是标签效应　人的心理行为的发展有个很奇怪的现象，就是常常按照自己期望的方向发展。说得通俗些就是，认为自己是个怎样的人，自己就常常成为怎样的人。孩子呢？更是如此。只是孩子是从大人那里学来的。就是说，大人认为孩子是个怎样的人，孩子常常就成为怎样一个人。正因如此，孩子常常会来“证实”大人的评价似乎总是有根据的。因为孩子还不知道自己究竟是怎样一个人，大人的评价常常形成孩子的自我认知，于是就朝着大人评价的方向发展了。这里，大人的评价如同一个标签，所以心理学上把这种现象称为“标签效应”。就是说，有些孩子的类似多动症的表现，是大人不经意间经常的评价“培养”出来的。

2.“好动”与“多动”的区别

儿童的“好动”和儿童多动症似乎一样，其实是不难区别的。

一是有无目的性　好动儿童的活动是有目的的、有序的；多动症儿童的活动是无目的的、杂乱的。

二是有无离奇性　好动儿童即使特别淘气，他的好动并不离奇，能为人们所理解；多动症儿童的多动，则离奇得让人难以理解。

三是有无选择性　这一条最关键。儿童的“好动”常常在活动内容和场合上具有选择性，比如在学习活动上表现为“好动”，而在看电视或做游戏等孩子自己感兴趣的活动上，则能专心致志；多动症儿童的“多动”在活动内容和场合上是没有选择性的，不论什么场合什么活动都不能使其安静下来全神贯注，都会表现出多动、注意力不集中等症状。

按说，这些都是不难区分和理解的。可是，为什么有些家长朋友却没有发现和理解，而是简单地把好动和多动症画上等号？除了有些广告宣传的误导外，关键是家庭教育上存在的较为普遍的高期望值心理。由于家长对孩子盲目的高期望心理，常常感到孩子的学业不尽如人意；一旦孩子的学业不尽如人意，自然要找原因；大家都知道真正智力有问题的是极少数人，那么原因在哪里呢？找来找去就有了“重大发现”：孩子学习不专心，好动。于是，想起了多动症，于是，孩子从此有了一个标签贴在了身上。

3. 别让“好动”的孩子蒙冤

一方面，家长教育孩子要有平常心，对孩子多一些理解，少一些盲目，不轻率地给孩子贴上消极的标签。在家教咨询中我们经常发现这样的现象：孩子身上的问题是父母轻率地贴上消极的标签给贴出来的，是标签效应的结果。只要您把“孩子学习不专心”挂在嘴边，孩子准能成为学习不专心的孩子。

另一方面，具体问题具体对待。孩子好动是年龄特征或是气质特征的表现，您可以忽略不计，适当引导就行了；孩子好动是智力超常，您可以和老师或有关方面联系，对孩子采取特别的教育措施；孩子的不专心是由于学习障碍，您就想办法给孩子补课；孩子难以安静是由于习惯，您就着意从培养习惯入手。

当然，有句话叫“冰冻三尺非一日之寒”，孩子的问题也不是一个早晨形成的，也不能指望有什么灵丹妙药，可以一个晚上就解决了。只要您心思用到了，孩子就能健康地成长。

☆顽皮与多动症有什么区别

调皮的孩子和多动症儿童的表现是很相似的，不过如果仔细地观察，会发现他们有 4 点明显的区别。

第一是注意力方面。正常的男孩虽然好奇、好动，但遇到感兴趣的新鲜事物时，不仅会聚精会神地去听、去看、去做，还讨厌别人的干扰；而多动症儿童几乎没有什么注意力，玩什么都是心不在焉和无法有始有终。

第二是自我控制能力方面。顽皮的儿童在陌生环境里能约束自己，可以静坐等待；而多动症儿童则没有这种自我控制的能力，坐不住，静不下来。

第三是行为活动方面。顽皮的儿童好动，一般都是有原因、有目的的；而多动症儿童的行为多具有冲动性，缺乏目的性。

第四是药物观察方面。顽皮的儿童服用镇静药物，可以产生催眠的作用；而多动症儿童服用这类药物之后，不仅不会安静，反而更加兴奋和多动，这是两者最重要的区别。

☆舞蹈症与多动症有什么区别

有名幼儿上课时注意力不集中，经常出一些怪动作，不时耸肩、缩颈、做鬼脸，越是注意她，她的怪异动作就越多，于是老师往往怀疑她患了多动症。没承想，到医院一检查，医生却说患的是舞蹈症，病因竟是风湿热。舞蹈症与多动症有些什么区别呢？

医生解释说，风湿性舞蹈症多发生在5～15岁的儿童，女孩多于男孩。舞蹈症可作为风湿热的一种症状单独出现，其特征为不规则的不自主运动，以四肢动作居多，伴耸肩、缩颈、伸舌、歪嘴、挤眉弄眼等。这些症状在兴奋或注意力集中时加剧，入睡后消失。有些孩子情绪易变，哭笑无常，有些孩子伴有低热、记忆力减退和注意力不集中。

需要指出的是，舞蹈症不是因为孩子学跳舞而引发的。所谓舞蹈症，不过是因此病发作时动作怪异，貌似舞蹈而得名。其发病可能与风湿热有关。据报告，在46例舞蹈症病例中，有26例有风湿热。

风湿性舞蹈症的病程多为2～6周，以后逐渐好转，一般不留严重后遗症，但可复发。经医院检查，病因确为风湿热者，可在医生的指导下使用皮质类固醇及水杨酸盐类制剂。咽部分泌物培养证实有溶血性链球菌者，应加用青霉素等抗生素。家长要采取相应的保护措施，防止孩子剧烈运动。必要时，可在医生的指导下服用适量镇静剂。首选药物为氟哌啶醇，发病时应严格卧床休息，直至怪异的舞蹈样动作消失为止。

☆抽动症与多动症有什么区别

抽动症是一种抽动障碍。即快速，反复，单一，复合的肌群收缩。主要表现是：先从眼肌、面肌部开始，出现眨眼、摇头、挤眉，继则耸肩、甩胳膊、踢腿、鼓肚子，肢体、躯干扭动，喊叫声等，严重时出现污秽言语。这些动作反复发作，无法自控，若失治误治，呈渐进性加重，出现心理障碍，有的继发性精神异常、强迫症等，或有行凶、自杀行为。一般不能自愈，只有极少数到青春期才有缓解。

儿童多动症是一种轻微脑功能障碍综合征，又称学习技能发育上的障碍，比抽动症发病率高，是一种较为常见的儿童心理障碍性疾病，智力正常或基本正常，学习和行为及性情方面有缺陷，多数从婴幼儿期即出现症状，表现为易兴奋、夜睡不安、喂养不合作等。年龄渐大，症状逐渐明显，主要表现为注意力不集中，做事不专心，好走神，动作过多，上课好做小动作，好说话，任性冲动，情绪不稳，自控能力差，做事拖拉，缺乏时间和任务观念，动作不协调，精细动作如穿针、扣纽扣等有困难，不服管教，我行我素，严重者有偷窃、说谎、打架行为。其自愈率极低，且在所谓的自愈的人中，只是多动症状好转，多数人遗留有人格或行为障碍，如急躁、冲动、做事不顾后果等，犯罪率较高。

可见，抽动症与多动症分别是两种不同的病症。部分抽动症患儿可合并有多动症状，但多动症儿童绝无抽动现象，这是鉴别的关键。

☆儿童抽动-秽语综合征与多动症有什么区别

儿童抽动-秽语综合征又称为发声与多动运动联合抽动障碍、多种抽动症、冲动性抽动症等。它与多动症不同。儿童抽动-秽语综合征是以多发性运动性抽动伴有不自主发声为主要临床特征。国际上对此病的定义是：一种抽动障碍，具有或已经有过多种运动性抽动和一种或数种发声抽动，但不一定同时存在，几乎总是发病于童年或少年。在发声抽动出现前常有过运动性抽动，病状常在少年期加重，并且常延续到成年。发声抽动常有多种，具有爆破性反复发声、清嗓子和呼噜声，也可发出污秽下流的词句。有时伴有手势的模仿动作。与运动性抽动一样，发声抽动也可在短时间内受意志控制，在应激下加剧，睡眠时消失。

在医学上，儿童抽动-秽语综合征又称进行性、多发性抽动障碍。主要以儿童的面部、手足以及身体上不由自主地抽动，同时伴有喉头肌肉抽动异常发声，以及猥秽语言为特征的综合征候群。抽动部位常见于面部，如挤眉、眨眼、口角抽动，肩部、上下肢体抽动和干咳、吼叫、不自主地发声、骂人或骂脏话。多发于5～8岁的儿童，14～16岁的青少年仍有发作。该病病程长、反复发作，少数至青春期自行缓解，大部分加重，影响正常的生活和学习。如发现、治疗不及时，很有可能延至成人，影响终身。

西医习惯于将该病归为“行为障碍”范畴。中医则认为，抽动-秽语患儿多有性情固执、急躁易怒等特点，原因在于肝、脾、肾三脏功能失调所致。故治疗上重在调整机体阴阳平衡，平肝潜阳，止痉安神，祛痰宁心。药物治疗之外，还要对患儿进行精神、心理治疗，双管齐下，直至最后攻克这一顽症。

☆多动症儿童的教育方法

多动症的孩子除了多动之外，还会有其他问题。首先，由于受到同龄人的排斥，他会产生一些心理方面的问题。他的过分紧张，过剩的能量不但会惹恼成年人，而且也会使同龄朋友离开自己。他很快会觉得自己不如别人，很快就会失去自尊。其次，在校(园)期间他很可能在学习方面存在问题。他的注意力集中时间非常短，很难坐在座位上集中精力听课，这样他就会影响和干扰他人，甚至会给别的孩子带来伤害。

解决的方法是什么？下面是专门研究“多动症”儿童的医学专家对父母的一些有用的建议：

1. 坚持执行始终如一的规章和纪律。

2. 保持自己的声音平静缓慢。孩子做了错事，你生气是正常的，但也是可以控制的。

3. 预料到孩子可能会出麻烦，并做好准备；在麻烦到来时，努力使自己的情绪保持冷静。

4. 对任何积极的行为给予承认，作出反应，哪怕是很小的行为；如果你不带成见，有意寻找孩子身上好的东西，你会找到一些的。

5. 避免经常使用表示否定态度的语言，如“不许”、“停止”、“不”。

6. 把孩子的坏毛病同孩子本身区分开来。比如，可以和孩子说：“我喜欢你，但我不喜欢你不听话。”

7. 给孩子制定一个非常清楚的作息表。规定好起床、就餐、玩耍、看电视和就寝的时间表。要遵守时间安排，但当孩子出现不遵守时间的现象时，也要灵活处理。过一段时间后，你的作息安排将成为孩子自己的习惯。

8. 当你教他新东西时，要有耐心，解释要简短、清楚，要常常重复你的要求。

9. 争取在房间内为孩子留出一块自己的空间，避免用鲜艳强烈的色调装饰，保持房间俭朴整洁。把书桌摆放在空空的墙下，使它远离干扰，这有利于孩子的注意力集中。

10. 一次只做一件事。把玩具存放在带盖的盒子里。一次只给他一件玩具。如果孩子在画画或在读书，你要关上收音机或电视。多重的刺激会使他不能精神专注。

11. 给孩子一定的责任，这在成长过程中是至关重要的。交给他的任务应该是他力所能及的。他一旦完成了任务，即使完成得不理想，也要给予承认和表扬。

12. 每次只允许一个朋友来家玩。你应该负责监管他们的活动。

13. 切忌可怜、嘲讽或过分地放纵孩子，也不要被孩子吓倒。他最终是会学乖的。

14. 同孩子的老师一起交流对孩子有益的教育方式。

☆对多动症儿童的统合训练法

多动症儿童不但需药物治疗，还应配合统合训练，这样对提高疗效有一定帮助。下面简介几种训练方法：

1. 拼图、下棋：让孩子学会拼图，并逐渐增加拼图的块数，学习棋类的玩法。

2. 每天要求固定看半小时新闻联播。

3. 每天早晨起来跑步，要求跑 300～500 米。

4. 家庭条件允许可以练习弹钢琴，每天弹 10～20 分钟。

5. 每天要求跳绳或踢毽，要固定时间，每次 10 分钟左右。

6. 固定作息时间。

7. 经常走平衡木，锻炼稳定性。

8. 增加一些专门的训练：

让孩子把在纸上大小不同、次序也被打乱的 1～100 的数字依次找出。

让孩子把 1～100 甚至更多的数字按顺序连起来，组成多种有趣的画面。

以上几种方法在药物治疗的基础上配合治疗，若能按时坚持进行训练，可以在短期内改善孩子注意力不集中现象。

☆家长、老师应如何正确对待多动症儿童

多动症儿童都有心理障碍存在，他们自控能力差、注意力无法集中、学习困难、易受外界不良影响和引诱、成绩下降、行为不能自控，对待他们应该严格管理，既不能放任自流，也不能过分宠爱，更不能动不动就打骂。多些鼓励，少些批评，耐心辅导。根据他们实际情况，不要过高的要求，要关心他们正确交友。

做家长也要在各方面提高素质及修养，做好榜样，戒除恶习，生活要有规律，也要加强自我控制能力，切忌发怒打骂，要和孩子谈心，沟通心灵，多倾听他们的陈诉，了解他们的困难所在，加以启发诱导。

应和医生配合好，督促孩子按时吃药，注意观察其反应，及时向医生通报病情，以便随时调整治疗方案。另外，家长还需做好思想准备，无论是服用西药还是中药，均需一定的疗程，短则半年，长者可达一年，务必与医生密切配合。

孩子服药期间应尽量避免外界的不良刺激，如防止感冒和过度疲劳，避免嘈杂的环境、不适宜的责打，保证充足的睡眠，为孩子创造良好的家庭环境，使其在家中感觉到愉快和温暖。

另外，家长还应注意与老师加强交流，请老师给患儿多一份关

心和帮助，教育其他学生不要歧视孩子，不能在其他同学面前羞辱孩子，维护孩子的自尊心，有了进步老师应及时给予表扬，使孩子增强信心，逐渐养成良好的习惯。

☆对多动症儿童应如何护理

第一，要帮助他们树立治病的信心，使其发挥主观能动性，加强自制力。

第二，要注意饮食营养，合理安排作息时间，养成良好的生活习惯。

第三，家长和老师要多体谅、关心患儿，对其微小的进步及时予以表扬、鼓励，切忌简单、粗暴或过分迁就。

第四，在治疗过程中，要密切观察患儿的反应，及时调整药物用量或决定停、换药，注意坚持治疗，不要让孩子擅自终止用药。

☆儿童多动症的饮食调理

孩子患了多动症，除进行正确引导、必要的药物治疗外，调理好孩子的饮食十分必要。在进食质量上可多吃些含蛋白质、维生素及卵磷脂、矿物质的食物，像牛奶、鸡蛋、大豆及豆制品、瘦肉、动物肝脏、心脏等。还可多吃些花生仁、核桃仁、黑芝麻等。因为这些食品不仅能促进孩子的大脑发育，增强细胞功能，更重要的是能改善孩子的神经传递信息，从而减轻多动症。此外，有条件的也可以让孩子多食些海带、鱿鱼、紫菜等海产品，对改善多动症也有帮助。

多动症患儿的饮食应注意以下几点：

1. 应少食含酪氨酸的食物。如挂面、糕点等。少食含甲基水杨酸的食物，如西红柿、苹果、橘子等。饮食中不要加入辛辣的调味品，如胡椒之类，也不宜食用酒石黄色素，如贝类、大红柿、橄榄等食物。

2. 应多食含锌丰富的食物。因为锌是人体内的微量元素，与人体的生长发育密切相关。锌缺乏常使儿童食欲缺乏，发育迟缓，智力减退。研究发现，学习成绩优良的学生，大多数头发中锌含量较高。所以，常吃含锌丰富的食物，如蛋类、肝脏、豆类、花生等对提高智力有一定帮助。

3. 应多食含铁丰富的食物。因为铁是造血的原料，缺铁会使大脑的功能紊乱，影响儿童的情绪，加重多动症状。因此，多动症孩子应多食含铁丰富的食物，如肝脏、禽血、瘦肉等。

4. 应少食含铅食物。因为铅可使孩子视觉运动、记忆感觉、形象思维、行为等发生改变，出现多动，所以多动症患儿应少食含铅的皮蛋、贝类等食品。

5. 应少食含铝食物。因为铝是一种威胁人体健康的金属。食铝过多可致智力减退，记忆力下降，食欲缺乏，消化不良。多动症患儿应少吃油条，因为制作油条需要在面粉中加入明矾，而明矾的化学成分为硫酸钾铝。因此，吃油条对小儿的智力发育不利。

可采用相应的药膳疗法：

(1)百合、甘草各 10 克，大麦 30 克，红枣 15 克，加水适量煮水服，1 次/日，连服 1 个月为 1 个疗程，或以猪脊髓用淡盐蒸服适量，适用于肾阴不足、肝阳偏旺之多动症。

(2)龙眼肉 500 克，白糖 50 克，将龙眼肉放碗中加白糖，反复蒸晾 3 次，使色泽变黑，将龙眼肉再伴少许白糖装瓶备用，每天服 2 次，每次 4～5 颗，连服 7～8 天，或芡实 100 克，甘草 18 克，大枣 15 枚，水煎服每天早晚分服，连服数天。适用于心脾气虚之多动症。

(3)竹笋 15 克，荸荠 9 克，红糖适量，水煎饮汤，每天 1 次，连服。适用于湿热内蕴、痰火扰心之多动症。

☆儿童多动症的早期调治

很多家长对儿童多动症的早期症状并不认识或重视，往往等到患儿症状十分明显时才投医问药，此时，孩子的多动症虽可能治好，但已耽误了学习文化知识的宝贵时间，故早期治疗尤其重要。

药物治疗。据研究，儿童多动症患儿的脑干网状结构上行激活系统内，可能缺乏去甲肾上腺素、多巴胺、5-羟色胺等神经递质的某一种，故临床上常用促进这类神经递质释放的中枢神经兴奋剂治疗。这类药物以利他林为代表，近期疗效十分显著，但注意下午 4 时以后禁服，星期日、节假日应停药。本药有一定的副作用，如食欲减退、淡漠、抑郁，家长不可自行滥用，即使专科医生应用时也必须密切观察。

行为教育。从小培养孩子一心不二用的习惯，如吃饭时不看图书、不看电视，做作业时不玩玩具等。应根据患儿年龄及病情实施注意力集中训练。对注意力严重不集中者，开始可让其每日1～2 次定时听故事，或让其自己读书每次 5 分钟，并逐渐延长时间。学龄期以后能每次集中注意力听故事或阅读 45 分钟以上者，为达到了正常儿童的标准。

对精力过剩的患儿，可让其多参加打球、跑步等户外活动，不应要求这类儿童变为一个十分文静温顺的孩子。

家长、教师及同学不要歧视打骂多动症患儿，更不能侮辱其人格，损伤其自尊心。发现其品质中的闪光点，应及时给予表扬和鼓励。但对患儿的打架伤人等攻击性行为、破坏公物等破坏性行为以及说谎逃学等不端行为，应像对待正常儿童一样坚决制止，不可袒护。

由于儿童多动症是由于生物因素、心理因素和社会因素联合作用所致的综合征，因此治疗应采用相对应的综合治疗手段，且一定要经过儿童精神病专科医生的确诊后对症治疗。

☆儿童多动症的预防措施

多动症的病因，至今不太清楚，而多动症的表现是一组症候群。目前西医认为主要与遗传因素、大脑神经递质代谢异常、轻微脑组织损伤、环境因素、心理社会因素等有关；中医则认为先天禀赋不足，后天失养，导致脏腑功能失调是发病的主要原因。

就以上可能的致病因素，我们提出以下几点预防措施，供作参考：

婚前检查，避免近亲结婚；配偶的选择，要尽量注意有无癫痫病、精神分裂症等精神疾患。

适龄结婚，勿早婚、早孕，也勿过于晚婚、晚孕，避免婴儿先天不足。

为了避免产伤，减少脑损伤的可能，应尽量自然顺产，因为临床中发现，多动症患儿中剖腹产者比例较高。

孕妇应注意陶冶性情，保持心情愉快，精神安宁，谨避寒暑，预防疾病，慎用药物。

创造温馨和谐的家庭生活环境，使孩子在轻松愉快的心情中度过童年，切勿盲目望子成龙，剥夺孩子欢乐的童年，造成不必要的精神创伤。

注意合理营养，使孩子养成良好的饮食习惯，不偏食、不挑食，保证充足的睡眠。加强体育锻炼，增强体质，防止疾病的发生。

尽量避免让孩子玩含铅的漆制玩具，尤其不能将这类玩具含在口中。

不要让孩子长期食用方便面类食品、涮羊肉、烤羊肉串等。孩子每日应饮用充足的水，不能用饮料代替喝水，经常并多吃含水和维生素多的天然食品不失为预防或缓解本病的上策。

☆儿童多动症的心理治疗方法

心理治疗是对多动症儿童心理缺陷进行治疗，家长、教师及医务人员启发、诱导、教育儿童以正确的态度对待学习，养成良好的生活、学习习惯，培养、锻炼自我控制能力，勤奋学习等，此类行为治疗是心理治疗的重要内容之一。其具体方法有：

1. 自我控制训练

这一训练的主要任务是通过一些简单、固定的自我命令让患儿学会自我行为控制。例如出一道简单的题目让患儿解答，要求患儿命令自己在回答之前完成以下三个动作：停——停止其他活动，保持安静；看——看清题目；听——听清要求，最后才开口回答。这一方法还可以用来控制患儿的一些冲动性行为。例如带孩子过马路时，要求在过马路之前完成停、看、听等一系列动作。由于在训练中，动作命令是来自于患儿内心，所以一旦动作定形，患儿的自制力就能大大提高。在进行自我控制训练中要注意训练顺序，任务内容应由简到繁，任务完成时间应由短到长，自我命令也应由少到多。

2. 放松训练

用这一方法来治疗儿童的多动行为是近年来的一种新尝试，效果颇佳。由于多动症患儿的身体各部位总是长时间处于紧张状态，如果能让他们的肌肉放松下来，多动现象就会有所好转。放松训练可采用一般的放松法，或使用在有关医生指导下的生物反馈法。训练时间要集中，可以一连几天，从早上一直训练到晚上，其间除了患儿吃饭、休息外，其余时间都按计划进行训练。在施行放松训练时，每小时放松 15 分钟，患儿一达到放松要求就给予物质奖励。其余 45 分钟可安排患儿感兴趣的游戏，但一到放松时间就必须结束游戏。

3. 支持疗法

这一疗法单独使用效果并不明显，主要是与其他治疗相结合，用来帮助患儿解脱受挫折以后的情绪抑郁和由学习困难而导致的自尊心不足。在实施过程中，父母和教师要对患儿进行鼓励，帮助他们树立信心，一旦病情有所好转，就给予奖励。

对待多动症患儿，除了实施药物治疗和专门的心理训练外，家长和教师还要做到以下几点：

(1)明确疾病性质。克服对患儿粗暴、冷淡、歧视的态度，做到相互协作，耐心而有计划地进行教育。

(2)要求适当。一开始对患儿的要求不能与一般孩子一样，只能要求将他们的行动控制在一定范围内，随后再慢慢提高要求。

(3)满足患儿的活动需要，对他们过多的精力要给予宣泄的机会。可指导他们参加跑步、踢球等有系统程式的体育训练，同时要劝止一些攻击性行为。

(4)做到生活规律化。家长、教师督促患儿遵守作息制度。在儿童吃饭、做作业时，家长要控制环境，不要主动去分散他们的注意，以培养患儿一心不二用的好习惯。

☆儿童多动症的药物治疗方法

药物治疗虽不能代替心理治疗，但没有药物治疗同样达不到治疗目的。药物治疗能为心理治疗提供有利条件，促进儿童集中注意力，使自我控制能力得到加强，能专心学习，但要使学习成绩提高、不良行为得到纠正，还需要长期耐心的教育，包括文化知识教育。

治疗用药物主要为中枢神经兴奋剂，如苯丙胺、利他林、咖啡因、三环类；抗忧郁药，如丙咪嗪；抗精神病药如氯丙嗪等。在我国，中医工作者对多动症的治疗也作了不少的努力，采用中医中药、针灸、推拿等治疗方法，取得了较好效果。目前可以认为，儿童多动症通过心理、药物治疗及中医中药治疗等，能取得较好的治疗效果。

儿童多动症采用药物治疗的标准如下。

1. 国外用药标准

国外有人根据自己的临床经验制定了多动症用药三条标准。①如果儿童多动和分心程度已经达到课堂上不能短时间静坐时，应尽快用药。②如果没有合适的班级或特殊的教学课程，或者要等待几个月才能去合适班级时，及时应用药物是有帮助的。有的家长仍希望孩子留在普通班级里同时应用药物，但必须与家长说明，药物可以试用4～6个月，仍无明显进步者，应输送到特殊教育班级里去。③如果儿童在合适的班级里已经6个月没有使他进步，那么药物可能是有用的。

2. 国内用药标准

国内有专家根据多年的门诊经验，提出了以下用药标准：①年龄在7岁以上，完全具备多动症的诊断条件，包括多动不集中、行为障碍、任性冲动及学习困难，经脑诱发电位检查及心理测试证实为多动症者，应立即开始药物治疗。②虽然无多动的表现，但完全不能集中、学习困难、成绩很差者，亦应药物治疗。③虽然学习无困难，但有严重的多动、任性冲动、不守纪律、严重影响课堂秩序、使教师无法授课者，亦应开始药物治疗。④虽然有多动，思想不很集中，但学习成绩尚可者，可暂不用药而进行心理指导和行为训练，如症状加重或学习成绩继续下降，再进行药物治疗。

3. 用药治疗的具体方法

目前大多数专家认为，利他林治疗儿童多动症非常有效，可使注意力集中，缓解活动过多的症状，从而达到改善行为的目的。患儿随着行为的改善，学习成绩也会有所提高，随着情绪的稳定，与同学之间的冲突也会减少。因此，该药也间接地促进了儿童的心理发育。不过，利他林惟一的缺点是，它无法根除这种疾病，只能长期服用。

利他林每片10毫克，每晨1片，餐后服用，如服用一段时间后，效果不显，可酌情增量。药物有效剂量，因人而异。家长应经常与老师联系，密切观察反应，摸索其有效量，如出现食欲减退、头昏、失眠等情况，家长不必惊慌，可稍减量，2～3周后，患儿即可适应，反应消失。为避免产生耐药性，在周日、假日及不学习时，可以不服药，寒暑假也可停药，但如假日须要学习及做作业，可在学习前半小时服用利他林。利他林一次服药作用时间只能维持4～6小时，因此，必须坚持长期服药才有效果，随意停药，症状又会重新出现。根据个人不同情况，可服用1～数年，但随年龄增长，情况好转，药量可逐渐减少，直至停药。

☆药物治疗儿童多动症应注意的问题有哪些

用药物治疗儿童多动症时，应注意以下问题：

1. 选择药物类型。每个人对各种药物有不同敏感性，有的儿童对利他林特别敏感，小剂量即可达到治疗效果，而有的儿童对此药并不敏感，虽然用了较大剂量，仍达不到治疗效果，而且副作用较明显，甚至不能坚持用药治疗，而更换另一种药后则有明显的治疗效果。因此，根据多动症儿童不同体质选择适合于该类型患儿的药物，对于治疗儿童多动症尤为重要。

2. 探索有效的药物剂量。在用药的过程中要找到一个最小的有效剂量药物，即最好的治疗效果及最小的副作用的剂量。用药剂量要注意个体差异，不能千篇一律用一个剂量，应根据每个儿童对药物的反应，找一个合适的剂量，这个剂量就是药物最小剂量。

3. 掌握服药方法。因为有些药物如利他林、咖啡因，服用后吸收快，作用快，排泄快，所以每天应该用药两次才能达到治疗目的，才有良好的治疗效果。而有些药物如匹莫林，服用后吸收慢，作用慢，排泄慢，所以每天只需服药一次即可。因此，掌握药物作用时，正确服药十分重要。

4. 减少药物副作用及耐药性的产生。为了减少药物副作用，在周日及节假日停止服药，发现有较明显的副作用时可以减量或停药，为了避免耐药性的产生可将药物交替使用。

5. 掌握服药疗程。服药疗程需依病情轻重而定，轻者服药6个月～1年，重者治疗时间更长些，过早停药易出现症状反复。因此，需劝说家长配合，坚持治疗，切忌时服时停。

6. 对有破坏行为者。可使用抗精神病药物，但忌用巴比妥类药物，因为这类药物有可能加重症状。

☆走出多动症药物治疗的四个误区

许多家长对于药物治疗多动症字面意思的想象，甚至对于药物本身的理解，容易进入一些误区，以下是常见的四点误区：

误区1:药物只是强行压制孩子的行为，治标不治本。

有这样观点的人，首先有着另外一个错误的观点，那就是认为ADHD的症状表现纯粹是由社会因素引起，例如放纵娇惯或家庭不睦等。现在科学证据表明ADHD主要是一个遗传性疾病，患儿大脑中负责抑制和注意的脑区功能存在一定的缺陷。药物直接作用于大脑的神经递质，从而改变外在的行为表现。从这一点来看，药物治疗ADHD和胰岛素治疗糖尿病类似，正如糖尿病患者需要胰岛素的帮助一样，ADHD儿童可能也需要长期坚持服用适当药物进行治疗。

误区2:我的孩子本来就挺兴奋，挺好动的，怎么还让他吃中枢兴奋剂呢?

中枢兴奋剂作用的脑区，是主要负责抑制行为、维持注意力不分散、保持精力集中的。或者换句话说，多动症的孩子之所以好动冲动，是因为他们大脑里的刹车系统功能不足，而兴奋剂可以增加大脑对行为的刹车能力，这可能就是它对 ADHD 有效的原因。

误区 3：服用中枢兴奋药物，会使孩子“兴奋”，容易成瘾。

在解释这个问题之前，先说说关于服用药物的一个情况，很多孩子经常忘记服药，尤其有的孩子住校之后，没有家长监督，自己就忘记吃药，从而症状无法得到控制，导致学业上的各种麻烦。而如果中枢兴奋药物容易成瘾的话，为什么孩子们会忘了服药呢？所以，以目前科学文献可以保证，使用中枢兴奋药治疗多动症不会导致孩子日后的物质滥用。实际上，科学证据表明，坚持服用药物治疗比不服药治疗的 ADHD 儿童，物质依赖的风险更低。家长应该了解，决定孩子在青春期使用或滥用物质最重要的危险因素是：(1)儿童早期出现的品行障碍或反社会行为；(2)家长对孩子在社会上的去向监管不够；(3)孩子与其他使用或滥用非法物质的少年做朋友；(4)家长饮酒、吸烟或使用非法物质的程度。

误区 4：长期使用药物不好，孩子考试急需的时候使用一两天就可以了。

服用药物需要从小剂量开始慢慢加量至合适的治疗剂量，然后稳定服用恰当治疗剂量的药物，达到稳定的治疗效果。就像之前说的，类似糖尿病患者服用胰岛素，或者类似近视眼儿童需要戴上近视眼镜矫正视力。因此，间断地、不规律地服药，达不到良好稳定的治疗效果，反而会延误孩子的治疗。

走出了基本的误区之后，我们来看看究竟如何选择药物。在专业门诊对孩子、家长进行访谈、测试之后，儿童确诊为注意缺陷多动障碍之后，可以考虑选择药物治疗。常用药物目前是中枢兴奋剂哌甲酯和非中枢兴奋剂托莫西汀（择思达），哌甲酯是治疗 ADHD 多年的经典药物，托莫西汀（择思达）在国内新上市，研究证明疗效与哌甲酯相当。哌甲酯有两种剂型，一种是短效，利他林，每天需要服用两次，早上中午各一次。另一种是长效，专注达，每天早上服用一次。托莫西汀，即择思达是长效剂，每天早上服用一次即可。所以，如果孩子中午无法回家的话，专注达或择思达是推荐选择，这样可以避免孩子中午漏服药从而造成麻烦。

药物服用的剂量与孩子体重有关系，并且需要从小剂量开始慢慢加量，因此，选择哪种药物，如何调整药物剂量，都请与专业医生取得密切联系，获得相关信息资料，以便为孩子选择最佳的治疗方案。

☆治疗儿童多动症常用的西药有哪些

目前治疗儿童多动症常用的西药主要是一些中枢神经兴奋药，而不选用镇静剂。鲁米那对多动症非但无效，反而会使症状加剧。现常用的中枢兴奋剂有：

1. 哌醋甲酯(利他林)：6岁和6岁以上，早饭前半小时和中饭前半小时各服5毫克；12岁或12岁以上，可早上服10毫克、中午服5毫克；以后每周加药5～10毫克；1日总量10～40毫克。

2. 苯丙胺：分左旋、右旋两种，多数报道右旋苯丙胺的疗效较左旋者好3～4倍。3～5岁早饭前半小时服25毫克；6岁或6岁以上可服5毫克；12岁或12岁以上可服20毫克；如1周后无效可适当增量；如药物作用管不到下午，中午可加服早上剂量的一半，但每日量不宜超过20毫克；星期日和假期如多动等症状能为家人所容忍则应停药，下午4时以后忌用，以免引起失眠。

3. 匹莫林(苯异妥因)：只需每晨1次，初日量37.5毫克，每周增量1/2片，直至见效，平均有效量为56.25～75毫克，1日量不超100毫克。

4. 咖啡因：每日服200～300毫克，分2次服用，副作用少而安全，该药因疗效差多数学者持否定态度。

此外，使用兴奋剂无效的患儿，可用其他药物，如三环抗忧郁药（丙咪嗪）或抗精神病药（氯丙嗪）等，亦有一定疗效，但用量应低于治疗精神病的剂量。

☆儿童多动症的非药物治疗方法

迄今为止，学术界对儿童多动症的特异性病因还不十分清楚，目前仍认为是多种因素共同作用的结果。在生物因素方面，本病可能与中枢神经递质代谢缺陷，大脑皮质成熟延迟或觉醒不足，缺乏锌、锰元素以及遗传等有关。在心理社会因素方面，研究发现，本病与不良的教育方式和家庭环境密切相关，如父母对孩子过分苛求、粗暴，引起患儿长期过度的心理紧张，所受的压抑超过了他们发育阶段的承受能力；父母对孩子过分溺爱，使他们十分任性、骄横，产生不愿控制自己情绪和行为的不良方式；父母不和，孩子长期被家长忽视，缺乏关心和温暖，失去了安全感和协调力。

因此，多动症的正确治疗应是心理、社会综合干预及适当联合用药。非药物治疗的方法主要有：

1. 阳性强化法

其原理是根据操作性条件行为的理论，即行为的后果直接影响该行为的增多或减少。对患儿出现的适宜行为及时给予奖赏性强化，会使其行为保持并固定。此法分为初级奖赏，如患儿喜欢吃的食物；一般奖赏，如红花、红旗、钱、好的分数；活动奖赏，如去公园、看电视、玩游戏；社会奖赏，如大人的评价、赞许。当患儿按训练计划稍表现出上课小动作减少，没离位乱跑，安静地做了作业等良性行为时，家长或老师要及时给予表扬，奖小红花等。还可以跟患儿协定，如果得到 3 朵小红花，可吃一支冰淇淋或其他喜爱的食物，5 朵小红花可去公园一游等。该方法适宜年龄较小的患儿。

2. 认知疗法

根据认知疗法的理论，不合理的信念(思维)会引起不良的情绪和行为。通过医生与患儿交流，使其认识到症状来自于无意识和不合理的思维，调整他们的认知——行为方式，达到控制症状的目的。这也就是前面提到的自我控制训练：出一道简单的题目，要求患儿命令自己在回答问题前完成下列三个程序：停——停止其他活动，看——看清题目，听——听清要求，最后再开口回答。在户外，也要教其在做每项活动之前，先完成看一看、听一听、想一想的自控顺序，然后再做活动。此法内容要由简到繁，时间要由短到长，自我命令由少到多，适宜年龄稍大的患儿。

3. 综合教育

多动症对患儿心理、人格发育将产生怎样的影响，重要的是要看给他们提供怎样的教育和家庭环境。在这方面，国外可借鉴的做法有：

(1)1～2 年有针对性的特殊教育，不给患儿贴上落后或学习迟滞的标签，用适宜的教育环境和方法，帮助他们解决在学校发生的沮丧和缺乏学习动机问题。

(2)不限于学业和行为上的改变，为患儿提供社会化环境，让他们与有同情心的伙伴多接触，指导他们适应社会交往。

(3)感觉统合训练，包括游戏、球类、游泳、田径、拳击、柔道等运动，让患儿主动参与，不采用团队评分，通过躯体训练协调大脑功能，达到自控、自律、自尊的目的。

(4)开办父母管理班，父母对患儿的态度会直接影响症状的改善，管理班要求患儿的父母必须了解以和谐方式与孩子相处，选择合理的期望水平，指导患儿完成一些家务劳动并负一定责任。

☆儿童多动症的运动疗法

1. 滑板游戏 由一块木板和四个轮子组成的滑板，可向任何方向自由转动，让弱智儿童俯卧在滑板上，当滑板滑过地板或滑向斜坡时，利用身体来对抗阻力。滑板运动促成的感觉刺激和运动反应是多动症儿童的坐下或站立时所不能达到的。做完滑板运动后，多动症儿童通常感到心神集中。

2. 平衡木站立、爬行、走动 在老师的保护下，让多动症儿童在平衡木上站立，向前爬行，来回走动，重复数次。

3. 木马旋转 多动症儿童坐在木马上，由老师转动木马，按顺时针方向旋转六圈，逆时针方向旋转六圈，交替重复数次。

4. 爬楼梯 让多动症儿童小跑上楼(三层楼为宜)，然后走下来，反复多次。

5. 滚圆桶 准备一个大圆桶，让多动症儿童趴在桶内，老师慢慢向前滚圆桶，多动症儿童为保持自己身体平衡而不停地爬动。

6. 跳蹦床 让多动症儿童在蹦床上跳跃20分钟左右。

7. 袋鼠跳 让多动症儿童站在布袋内半蹲着，双脚合拢，像袋鼠一样一步一步地向前跳动，重复多次。

8. 滚轮胎 让多动症儿童在1米宽的跑道上滚轮胎，控制轮胎不能滚出跑道外。

以上运动可轮换进行，也可根据多动症儿童身体和训练条件等情况选择其中几项进行。在训练时，教师要防止多动症儿童产生恐惧和厌烦心理，让学生自始至终保持愉悦的心情，才会收到良好的训练效果。

☆儿童多动症的中医治疗法

1. 辨证论治

儿童多动症主要表现为注意力涣散、活动过多、冲动任性、情绪不稳和学习困难，智力一般没有问题。中医理论认为本症属于“失聪”、“健忘”、“痰阻”等范畴。小儿特点是阳常有余，阴则不足，本性好动。若有先天不足，禀赋虚弱，后天失养，阴阳不调，极易造成脏腑功能失常。阴阳不调，易致心肾不交，神志失控；后天失养，脾失健运，可致脾肾不足，阴虚而阳盛。虽表现为心肝有余，实则心肾脾不足，易出现神不宁、魂不安、意不固、志不坚之症状。根据中医辨证论治的理论，儿童多动症是以虚证和里证为主，是虚为本，实为标，里为因，表为果的关系。

(1)肝肾阴虚型

主症：注意力涣散，五心烦热、自汗、咽干、舌红少苔或无苔、脉细或弦脉、目眩头晕或健忘。

辨证分析：本证主要为肝肾两脏的阴虚，肝主藏血，以供应机体活动的需要，如肝血不足，血不养肝，故可见目眩头晕、注意力涣散等；肾主藏精，阴精虚弱不足以制阳，故见五心烦热、口咽发干、自汗、舌红、少苔或无苔、脉细数或弦数。精血是互生的，精足则血旺，肝肾才得以相互滋养，故肝血不足或肾精亏损，均可导致肝肾阴虚。

治法：滋补肝肾为主。

(2)心火旺盛型

主症：心中烦热、急躁、失眠、口渴、舌边红、脉数等证。

辨证分析：心火盛，故心中烦热，心火扰神，则急躁失眠，心火上炎，可引起口渴、舌红、脉数等症状。

治法：清泻心火为主。

(3)痰湿内阻型

主症:多动多语、注意力不集中、神思涣散、胸闷憋气、恶心、呕吐、痰多等证。

辨证分析:小儿脏腑娇嫩,生机旺盛,故有“纯阳”之称,又由于迅速生长发育,阳常有余,阴常不足,加之后天调护不当,脾常不足,可影响脾的运化,使脾虚失运,水湿内留,时日长久,聚而成痰,上蒙清窍,神机不利,引起此证。此证多见于肥胖症儿童。

治法:健脾化痰为主。

(4)痰热内扰型

主症:心烦意乱、多动不安、注意力不集中、哭笑无常、脾气暴躁、打人骂人、五心烦热、急躁、失眠等。

辨证分析:小儿素体较弱,阴常不足,易于生热,若后天调护不当,或久食肥甘厚味食品,易于引起以上诸证。

治法:清热化痰。

2. 穴位疗法

通过对人体特定的穴位针刺或按揉等方法,可以达到疏通经络、调整阴阳、治理心肾、健脑宁神的目的。

针刺治疗:选用内关、太冲、大椎、曲池为主穴。注意力不集中配百会、四神聪、大陵;活动过多配安神、安眠、心俞;烦躁配神庭、膻中、照海,选穴以少而精为原则,采用快针、深针法,年龄大者可用电针。针刺后即用梅花针叩刺背部夹脊、膀胱经、督脉穴,以叩至皮肤潮红为度,隔天治疗,10 次为 1 疗程。

穴位按揉:选百会、角孙、率谷、风府、神庭、天柱、心俞、肾俞、膻中、关元、合谷、神门、足三里、三阴交、涌泉等。每次按揉 100 次左右,最好能达到酸、麻、胀、沉或轻痛等得气感(有一种感觉也可),10 天为 1 疗程,一般用 5～10 疗程。心火内盛者,取少府穴;痰火扰心者,取大椎、丰隆;肝火旺盛者,取太冲穴;心肾不交者,取太溪、少府穴。

捏背疗法：用食指与中指的指面自上而下直推大椎至长强穴（脊椎），每推 50 次。同时使用捏法，自下而上捏背，一般捏 3 遍，每捏 3 次再将皮提一下，即“三捏一提”法。捏前先在背部轻轻按摩几遍，使肌肉放松。隔日 1 次，10 次 1 疗程。

耳穴治疗：取心、肾、脑干、皮质下、神门，两耳交替，每次揉压 1～2 分钟，每天 3～5 次。或用耳穴埋豆法：以王不留行籽或莱菔子或酸枣仁耳穴压丸，用胶布贴在耳穴上，每周 2 次，左右耳交替，每日按压 3 次，每次 0.5～1 分钟，15 次为 1 疗程，治疗 3 个疗程。常用穴位有：兴奋点、脑干、皮质下、肾、心、肝、神门等。

3. 推拿疗法

推拿指螺纹面，可以疏通经络、滋补心肾、清肝潜阳、益智宁神，方法简便易学，无痛苦，无需特殊设备，可在家实施。

治肾阴不足、肝阳偏旺证，取小指末节、食指末节螺纹面分别由指根向指尖直推小指螺纹面，由指尖向指根直推食指螺纹面。

心气阴两虚，取拇指及无名指末节螺纹面，由拇指桡侧向掌根直推，顺时针方向旋推无名指螺纹面 100～500 次。

痰浊内阻，按摩中脘法 5 分钟，揉脐法 5 分钟，按揉足三里穴 20 次，以健运脾胃之气。按揉天突穴 15 次，直推膻中穴 50 次，以化痰顺气；配以开天门法（推攒竹）20 次，以宁心安神。隔日 1 次，15 次 1 疗程。

痰火扰心，取手掌面，以掌心为圆，以圆心至中指根横纹约2/3处为半径用拇指作顺时针弧形或环形推动，配以清心经，可清心泻火，健脾利湿。

4. 饮食疗法

俗语有“民以食为天”、“药疗不如食疗”的说法，确实有不少疾病可以通过饮食的调节取得一定的治疗效果。在食物中配以一定的中药进行食疗，效果更好。多动症儿童可以试着采用以下的食疗方案：

三七脑髓汤：每次用鲜猪脑或羊脑一具，三七粉 3 克，加少许食盐、葱、姜等调味品，隔水炖熟，当菜吃。

鱼鳞膏：将青鱼、草鱼或其他较大鳞片的鱼鳞洗净，用清水一饭碗，煮沸 15～20 分钟，去鱼鳞，冷却后即结成膏状。食用时可稍加酱油、麻油凉拌，亦可加糖，放入冰箱中片刻，作为冷饮，能补脑强身。

参蛋汤：太子参 15 克，红枣 15 枚，鸡蛋 2 个，置锅内加水同煮，蛋熟后取出剥去蛋壳，再加入同煮片刻，即可吃蛋喝汤，每天一次，久服可见效果。

猪肉莲子汤：瘦肉 75 克，莲子 30 克，百合 30 克，共放沙锅内加水煮汤，调味食用，每天一次，连服。

虾壳汤：虾壳 15 克，菖蒲 9 克，远志 9 克，每天一次，久服有效。

莲子汤：莲子肉 20 克，芡实 15 克，红枣 12 克，同煮酥，加少许白糖，作早餐或点心。

5. 治疗多动症的常用中成药

治疗多动症常用的中成药包括传统古方及现代研制新药两种。

用于多动症的传统古方有：①知柏地黄丸、六味地黄丸、孔圣枕中丹，适用于肾阴不足，肝阳偏旺证多动症；②柏子养心丸，适用于心气虚证多动症；③归脾丸，适用于心脾气虚证多动症；④礞石滚痰丸，适用于湿热内蕴、痰火扰心证多动症；⑤血府逐瘀丸、生化汤丸，适用于心肝肾失调证多动症。

现代研制的新药有：①静灵口服液，小儿智力糖浆，适用于肾阴不足、肝阳偏旺证多动症；②清脑益智合剂，适用于先天不足、精血亏虚证多动症；③康益糖浆，适用于阴阳不调、心肾不足证多动症；④益脑宁，适用于肝旺有余、心神失宁、脾运失调证多动症；⑤集神口服液，适用于心脾两虚证型多动症；⑥调神口服液，适用于心肝肾功能失调证多动症。

☆儿童多动症的家庭治疗措施

1. 行为纠正法

在精神疗法中,最有效的是行为纠正法,尤其是当家长掌握了某些行为纠正法的技巧后效果更佳。此外,在治疗期间可同时进行特殊教育,以使患儿掌握学习方法。精神疗法是相当有效的治疗方法。尤其适于那些自制力差的患儿。

2. 前后一致

通常周围的人用一种错误的方式来纠正患儿的行为,患儿已习惯于这种轰炸式的提醒,而没有考虑到其自身的控制力。正确的做法是尽量提高患儿的自制力。

注意对患儿要求的一致,尤其是要确定保姆对患儿的要求与家长相同。

3. 多鼓励和表扬

及时表扬,鼓励患儿正确的行为。对患儿表现出的天分要鼓励其发展,尤其是运动方面和其他校外活动。

4. 生活要规律

生活要规律:规定吃饭、睡觉、活动、看电视的时间。校外时间的安排不要单调的做作业,活动、锻炼也很重要。保持患儿房间内物品的简洁,将玩具放在患儿看不到的地方。

5. 避免食用的食品

饮食中需除去白糖及其制品、盐、汽水、茶、酱油、苹果醋、牛奶、番茄酱、辣椒酱、加色素的乳酪、巧克力、意大利腊肠、猪肉、热狗、肉条、培根、火腿、小麦、玉米、芥末、奶油、人造奶油、冰淇淋(除非完全不含添加物)、糖果(除了自制的)、喉糖、抗酸剂、香水、牙膏。使用健康食品店所卖的天然牙膏。

6. 避免易过敏食物

多动儿也不应食用含人工色素、加味剂、BHT 防腐剂、天然水杨酸盐的食物，包括杏仁果、苹果、杏果、樱桃、醋栗、所有莓子、桃、李、梅、番茄、黄瓜、柳橙。

7. 试用食物淘汰法

多动儿可以吃上面未列出的水果和蔬菜及谷类、面包，及燕麦或米制成的饼干。为了观察哪一种食物促使孩童好动，可以试着将那些被淘汰的食物加回饮食中，但一次仅加回一种，观察一周，看孩童有何改变。

8. 保持低磷酸盐的饮食

需避免碳酸饮料。高磷及偏低的钙镁含量（可借由毛发分析测知）通常暗示着过度好动的可能。肉及脂肪含丰富的磷。过量的铜与行为失调有关。

9. 补充营养素

(1)钙加镁：依照产品指示，并在睡前服用少量。用来帮助正常的发育，并有镇定作用。

(2)维生素 B 群添加泛酸(B_5)及 B_6(吡哆醇)及烟碱素(D_3)：用量视年龄及体重而定。依照产品指示。帮助脑部功能正常及消化正常，增强肾上腺功能。

(3)r-胺基丁酸(CABA)：研究显示服用 r-胺基丁酸能减少过度好动以及暴力、癫痫、智障及学习障碍的倾向。

(4)啤酒酵母：用量依照产品指示。维生素 B 的天然来源，但需注意可能产生过敏。先试用 1/4 茶匙，然后一边观察，一边渐增。

(5)L-半胱胺酸：用量依照产品指示。当毛发分析显示体内含高量的金属，服用此物有效。

(6)综合维生素及矿物质：用量依照产品指示。提供各种营养素。

(7)维生素 C:用量依年龄而定。是抗紧张的维生素。

10. 天然药草

缬草根内的成分对过度好动有奇佳的镇定作用,而且无副作用。将此植物的萃取物与果汁混合(用量需视年龄而定),每天喝2～3次。

☆家庭中如何对多动症患儿进行行为治疗

行为治疗是一种特殊的治疗,需要有丰富的经验和特有的技巧。但是,我们也不要把它看得太神奇,可以把它搞得简单化、通俗化一些。下面介绍几种对多动症患儿常用的行为治疗方法:

1. 阳性强化法

可用于多动症、行为问题患儿和学习困难的儿童。当多动症患儿出现一些良好的行为或比以前有进步的行为时,例如做作业时注意力比以前集中,小动作比以前减少,作业中错误率降低,不再说谎等,根据情况可分别给予表扬、鼓励或奖励,这样做可以使良好行为得到巩固和发展,这叫阳性强化。奖赏在阳性强化的行为治疗中起着十分重要的作用,但奖赏要得法,不一定都要物质奖励,可以采用:

(1)社会性奖赏:在现实生活中,这是一种很自然的奖赏,很容易实行。如果多动症患儿做对了某些事情,父母可以对他微笑、点头赞许、鼓励、表扬等,让孩子逐渐懂得和理解这种社会性奖赏。在社会性奖赏的作用下,促使他们保持和增加某些良好的行为。

(2)活动性奖赏:孩子的活动可分两大类,一类是孩子所喜欢的,如看电视、玩游戏机等;另一类是他们不喜欢的,如做作业、背书等。但每位多动症患儿所喜欢的和不喜欢的活动各不相同,父母必须弄清楚自己的孩子喜欢什么不喜欢什么。一般让喜欢的活动(活动性奖赏)紧跟在不喜欢的活动(需要加强的行为)后面,连续出现，多次反复后，孩子对不喜欢的活动也会逐渐自觉地去做。如先做作业，作业完成后看电视半小时或玩游戏机半小时，多次重复后，孩子对做作业就会变得自觉起来。

（3）一般奖赏：包括钱、好分数、奖状、代替物等，这种奖赏的优点是可以兑换，范围大，灵活性大，但这种奖赏必须能兑换成其他奖赏时才能起作用，否则会失去效益。例如孩子因学习进步得到五角星，若不能将几个五角星兑换成其他奖品，则日久后五角星就会失去奖赏的价值。

有位多动症患儿，因为按时交了作业，对他进行了阳性强化法以后，不仅一直按时完成作业，而且课堂纪律也有了进步，学习成绩也不断提高。这说明阳性强化疗法的结果逐步排斥了不良行为，可以间接地矫治不良行为。

2. 阴性强化疗法（消退法）

对多动症患儿的某些行为，采用不予理睬的方法，使之逐渐消退（消退法常与阳性强化疗法同时采用，效果很好）。采用消退法时，重要的是寻找不良行为的加强因素是什么，并予以撤除，从而减少这种不良行为的发生。要有思想准备的是，消退疗法开始时，不良行为反而恶化，情绪反应也非常激烈。此时父母必须坚持，不能妥协，只有这样才能收效。例如有位一年级的多动症患儿，声称写字有时手太酸，不肯写，一定要母亲扶着写，否则不写。母亲为了让孩子写字，天天扶着孩子的手做作业。母亲的依从，强化了孩子不肯写字的不良行为，治疗开始时，母亲不是采取写不写由你的方法，而是对儿子说明一定要写字，否则明天交不出作业你自己负责，今天我是不会再扶着你的手写字了。于是母亲走出门外。儿子在房内就是不写字，后来大哭大叫要母亲帮，母亲不理，儿子哭得更凶。当天作业未完成，第二天被老师批评。连续几天，儿子哭后就去自己做作业，母亲给予奖赏，要人扶着写字的不良行为也就逐渐消除。

3. 矫枉过正法

这是对多动症患儿的不良行为采用一种非肉体惩罚的惩罚疗法。因为没有肉体上不适感，所以较少引起反感，容易取得合作。采用这种方法不但可以减少不良行为，而且可以帮助患儿建立起良好的行为习惯。矫枉过正法的方法之一是恢复原状性的矫枉过正法，此法要求患儿对于自己的不良行为给环境带来的不好后果亲自动手给予恢复原状，还要求比以前安排得更好一些。例如一名多动症患儿用粉笔在家中墙上乱涂，母亲要求他先把墙上的污迹擦掉，然后把桌椅排好，抹干净，把粉笔收藏好。这样做，不仅使他认识错误，纠正错误，还能帮助他养成良好的行为习惯。此法与阳性强化合用，收效好。

4. 静坐疗法

多动症患儿往往显得兴奋性过高，常因此出现“人来疯”或无法自拔的过度兴奋，以及由此产生一些不好的影响。为了避免产生过度兴奋的现象，父母不要为孩子提供兴奋性较高的游戏如打电子游戏机、看武打电视片等。应该多为孩子安排一些较文静的活动，如下棋、画图、制作航模、看书等。除此以外，家长还可安排时间，每天与孩子一起静坐2～3次。静坐的时间可从5分钟到15分钟，根据年龄及具体情况不同而作不同安排，还可根据情况在原有基础上增加时间。静坐的方法是父母与孩子面对面而坐，不言不语，不思不想，不东看西看，双手放在膝上，相对而坐，坚持得好，可给表扬。这对多动症的不安宁行为的矫正很有帮助。但父母要有耐心和恒心。

5. 感统训练

感统训练是从美国和我国香港、台湾等地引进到北京、郑州的一种特殊训练，用于有多动症及学习技能障碍的儿童。有理论证明，认为这两种疾病的患儿，常有协调不佳，共济失灵，感觉过分敏感，因此表现为四肢动作笨拙不灵，如系鞋带、扣纽扣等协调不好，跳绳、拍皮球时双脚双手配合失灵。注意力容易分散。实践证明，系统训练可以改善以上状态，帮助患儿减少多动，增强注意，提高学习能力。但感统训练需有特殊设备，固定场所，不是每位多动症患儿都有条件参加的，因此可以选择其中若干项目在家中进行训练。有哪些项目呢？有拍皮球、跳绳、踢毽子，俯在地上对着墙推球，沿着地上直线来回跳跃等。所有项目加起来共进行30分钟，每天一次，可以起到类似感统训练的作用。

☆多动症儿童的家长应注意什么

多动症患儿的家长，整天因为孩子的学习成绩不良、不服管教、调皮捣蛋、教师责备，而常常感到焦虑、沮丧、愧疚、发怒，怨恨自己孩子不争气，有时采取严厉手段进行管教、惩罚，甚至打骂，也不能解决根本问题；有时虽然好一阵子，但过后就忘，老病又犯，对这样的孩子，除了药物治疗外，家长应配合医生实行家庭疗法。

家长要有以下四个观点：

1. 多动症不是儿童天性，而是一种病态心理；

2. 多动症不是儿童故意的行为，而是一种无法自控的病态表现；

3. 多动症不是一种急性、短时的病态过程，而是一个慢性、长时的病态过程；

4. 多动症不容易自然痊愈，又是可以用药物、心理等综合疗法治愈的。

具体做法是要注意安排好作息时间，适当安排好文娱活动，要注意培养儿童注意力和独立活动能力，逐步培养他们能静坐下来，集中精力学习的习惯。要建立家庭奖励制度和处罚规定，对孩子有一点进步都要予以鼓励，对完成规定学习任务和表现良好的行为要及时给予奖励；对不服从管理要给予适当批评或处罚（如扣去已得的奖品或暂停某种娱乐）。要以表扬为主，不能嘲笑、歧视和打骂，要发现孩子的特长和爱好，正面诱导，发挥特长。同时要加强父母自身的修养，给孩子做出榜样，并和医生保持经常性的联系。

关于儿童遗尿症

☆什么是儿童遗尿症

儿童遗尿症，是指5岁以上的孩子还不能控制自己的排尿，夜间常尿湿自己的床铺，白天有时也有尿湿裤子的现象。遗尿症在儿童期较常见，据统计，4岁半时有尿床现象者占儿童的10%～20%，9岁时约占5%，而15岁仍尿床者只占2%。本病多见于男孩，男孩与女孩的比例约为2∶1。6～7岁的孩子发病率最高。遗尿症的患儿，多数能在发病数年后自愈，女孩自愈率更高，但也有部分患儿，如未经治疗，症状会持续到成年以后。

☆遗尿症的临床表现

遗尿，又称"尿床"，"尿溲"，是指小儿在睡眠中小便自遗，醒后方知的一种病症，患病率约为10.98%。本病的发病以3周岁以上，13岁以下的儿童多见，亦有延至成人者，男孩多于女孩。如果3岁以内的小儿由于智力发育未全，排尿习惯尚未养成，又或因精神刺激，贪玩少睡，过度疲劳引起小便自遗，则不属病态；若3～5岁以后，仍不能自己控制排尿，夜寐自遗，则应视为遗尿症，遗尿又分原发性和继发性两种。

遗尿病儿的症状表现因人而异：

1. 轻重不一。轻者一周一次，或1月一次，重者每日一次，或一夜几次尿床。健康欠佳，劳累，过度兴奋，紧张，情绪波动等可使症状加重；有时自动减少或消失，又可复发，约有 30%呈间断性尿床，有的呈持续性尿床，持续数月，数年。患儿可于 3～5 年内发作次数逐渐减少而自愈。

2. 尿床前睡眠昏沉，难叫醒，家人强拉下床，他常这儿转转，那儿站站，抓挠头，神志迷糊，不知所措。家人叫其尿时，尿不出或尿不尽，往往随后上床后睡一会儿，便尿床了。

3. 患儿平时易动，多汗，身体多有偏瘦，干事活动思想不集中，缺乏耐心。

4. 患儿遗尿夜间多于白天，且多在上半夜。

5. 睡觉姿势多为趴或蜷卧式。

6. 有些患儿脾气古怪，烦躁易怒，干事注意力不集中，或耐力、信心不足，胆小怕事，性格内向。

7. 冬天或阴雨天遗尿加重。

☆遗尿症共分哪几种类型

1. 从尿量、尿床次数上来分可分为：

(1)入睡即尿型：多表现为入睡后不停地产生尿液，在睡下后 1～2 个小时内尿液憋满膀胱，一般一夜尿床 2～3 次或更多；

(2)清晨尿床型：指的是晚上形成的尿量较少，到凌晨 2～3 点钟，尿量才憋满了膀胱而尿床的病人。

2. 从膀胱、内分泌、神经方面来分可分为：

(1)膀胱型：是指膀胱发育不成熟，B 超显示膀胱体积明显小，膀胱括约肌功能差，存尿量少，憋尿时间短，白天和晚上排尿次数都多。

(2)内分泌型：是指晚上睡后 2～3 个小时尿液就憋满了膀胱，前半夜必须叫起夜尿，而后半夜不用叫不尿床的患者。

(3)神经型：是指清晨叫起夜尿后不知的患者，白天见水，摸到水或者听到水声就要去厕所，晚上不敢睡，而怕尿床的患者。

3. 从发病基因上来分可分为：

(1)原发型：占尿床总人数的 92%，大部分从小至今，尿床没间断过，冬夏无大的差别，身体发育基本正常，该患者发病时间长，各种检查又不能查出病因的，多属该类型。

(2)继发型：是指由于脊柱裂或脊膜膨出手术后遗症、脊髓炎、药物中毒、脑垂体肿瘤、内分泌型慢性疾病如糖尿病，等等。

(3)遗传型：多是由于父母或隔代祖父母，直系亲属也曾有过尿床史的患者，该种患者多年龄较大，患病时间长，症状明显，家长意识淡薄，经久难愈。

☆遗尿症的诊断标准

1. 国内标准

须符合以下 3 项：①5 岁或 5 岁以上(或智龄 4 岁以上)反复有不自主排尿(日间或夜间)；②遗尿严重程度：5～6 岁儿童，每月至少有 2 次遗尿，6 岁以上儿童每月至少有 1 次遗尿；③不是由于神经系统损害、癫痫、躯体疾病或药物所引起遗尿。

2. 国际标准

国际的诊断标准是：5～6 岁儿童每月至少尿床两次，再大些儿童每月至少尿床一次，才诊断为遗尿症。据临床观察，16%左右的遗尿患者具有器质性疾病，如尿道炎、膀胱炎、包皮过长等，而 90%左右的遗尿患者则是由心理因素造成。这些心理因素是：

其一，婴幼儿时期排尿习惯不良。比如，使用尿布时间过长，以致幼儿从小没有养成自己控制排尿的习惯；有的母亲晚上常把孩子弄醒，强迫排尿，不管孩子如何挣扎、哭闹，反正不排尿就不让孩子离开便盆，这就使孩子对排尿产生恐惧、紧张心理，不利于培

养孩子有规律的排尿习惯。

其二，婴幼儿时期强烈的精神刺激，如地震、洪水、火灾、车祸等意外灾害造成亲人的伤亡；父母离婚，造成家庭破裂；孩子与母亲长期隔离，又没有其他成人给予感情上的补偿及生活上的照顾等。

其三，不良的心理特征。遗尿的儿童常有诸如孤僻、忧郁、自卑之类性格。当生活中发生某些重大变化，如入学，他们很不习惯，加上老师的严要求，终日思想负担过重而造成遗尿。

其四，不良的教育方法。有些家长发现孩子尿湿被褥后，往往辱骂、痛打孩子，这反而加重了孩子的情绪紧张，使孩子产生羞愧感和罪恶感，容易再次出现遗尿而形成恶性循环。

☆如何判断遗尿症的轻重

对于 5 岁以后仍然遗尿的孩子，判断其遗尿轻重程度时，所要依据的指标是孩子的年龄、遗尿的频度、遗尿的时间段、易醒程度这 4 项综合指标。

1. 年龄的标准：年龄因素中最重要的一条要素，是要看和第二性征期的关系如何。很多遗尿患者都在第二性征期前后突然自愈。如果在这一时期仍然遗尿，那么就说明其生理发育进程有些迟缓，也可能是由于压力等心理因素造成对发育的阻碍，这种情况是比较严重的。5～8 岁的遗尿算轻度，9～12 岁为中度，13 岁以后就是重度了。

2. 次数的标准：遗尿的频率也是判断轻重程度的重要指标。如果孩子每星期尿床就那么几次，或者偶尔遗尿，那么就说明他已经接近胜利的终点了，症状比较轻。如果情况相反，一晚上要尿床两次以上，就说明夜里的尿量还是太多，可算得上重度遗尿。每晚只遗尿 1 次的情况只是中度遗尿。

3. 遗尿时间段的标准：遗尿的时间段是指每晚第一次遗尿发生的时间。入睡即尿型，是指入睡后仍不断产生大量尿液的一种类型。这种类型的患儿睡眠期间抗利尿激素的分泌量与白天正常活动时一样都比较少。也就是说，按理睡眠可使抗利尿激素的分泌增多，而患者却没有，因此可算得上是重度遗尿了。仅在清晨遗尿的人，抗利尿激素的分泌量就少了那么一点点，情况不太严重，就快痊愈了。有时在入睡后不久就尿床的类型为中度遗尿。

4. 醒过来难易度的标准：醒过来的难易程度，虽然与夜里产生的尿量没有关系，但作为判断遗尿是否能快些痊愈的标准，也可列入其中。在遗尿之前能够自己醒来去厕所，遗尿之后能够起来换衣服，或者即使遗尿也只是尿湿一点内裤，这些情况都可以说是轻度遗尿。不太严重的遗尿患儿往往只是把内裤尿湿一点。尿量明显减少与醒来的难易程度也有关系。把床单尿得精湿的许多孩子，其实还没有要从梦中醒过来的意思。因此，这种常常尿得"汪洋一片"的情况就属于重度遗尿了。而那些仅尿湿内裤的孩子是因为刚要遗尿时，无意识地迅速收缩膀胱出口处的尿道括约肌的缘故。因此，如果常常发生仅尿湿内裤的情况的话，就说明孩子也有可能在遗尿之前自己醒过来，可以算作轻度遗尿。而那些没有尿湿床单，只尿湿睡衣的情况可认为是中度遗尿。如上所述，醒过来难易度的指标要根据遗尿前后能否醒来、遗尿时能否醒来、尿湿床的严重程度等来判断。

5. 病情轻重标准：以上 4 条标准如下表所示，每项分为 1、2、3 分三档。合计各档的分数，根据综合评价来判断遗尿是轻度、中度还是重度。

判断遗尿症病情程度的计分表

项目\得分	1分	2分	3分
遗尿年龄	5～6岁	7～12岁	13岁以上
遗尿次数	一周2次	每夜≤1次	每夜>1次
遗尿时间	凌晨前	入睡4小时以后	入睡后4小时以内
醒悟程度	刚尿就醒，仅尿湿小范围内裤	遗尿中能清醒，大范围衣裤被尿湿	尿完后也不醒，床铺被尿湿

判断遗尿症病情轻重的计分法：根据综合评价的得分来判断遗尿的轻重，6分以下为轻度，7～9分为中度，10分以上为重度。

☆引起遗尿症的常见原因

人的储尿、排尿功能主要在膀胱、尿道。但指挥和影响排尿功能的因素却很多，因而导致遗尿的原因也是多方面的，主要有以下几种因素。

1. 遗尿与神经调节系统——即大脑皮层、脑干及脊髓初级排尿中枢与支配膀胱、尿道的阴神经、腹神经、盆神经、骶神经等。由于大脑、脑干的功能发育延迟，对脊髓初级排尿中枢的控制能力弱或脊髓及各神经传导通路障碍等，致膀胱及尿道控制失约而遗尿。

2. 遗尿与膀胱——因膀胱功能发育延迟，不能安全行使自主控制能力而出现储尿期的无抑制性收缩，使膀胱容量小、敏感性高、顺应性差；膀胱充盈期和收缩期感知能力不高，对大脑皮层的刺激强度低于睡眠觉醒阈值；膀胱压力感受器功能异常，不能提供预警信息等，使之未醒先尿。

3. 遗尿与尿道——尿道的关闭功能不全，即不稳定尿道引起遗尿；尿道畸形如先天性狭窄等。

4. 遗尿与睡眠觉醒功能障碍——睡眠觉醒功能发育迟缓、觉醒功能障碍是遗尿的主要原因之一，而功能障碍可因膀胱充盈及收缩的感知功能不全或过度疲劳使睡眠过深而引起，也可因排尿功能不全或发育迟缓而引起。

5. 遗尿与抗利尿激素(ADH)分泌减少——正常人 ADH 分泌白天比夜间少(1∶2.5)，尿量随 ADH 的分泌而发生相反的变化(白天和夜间尿量比约为 3～4∶1)，部分遗尿的孩子因夜间 ADH 的分泌不足(1∶1.4)致夜间尿量增多，产生稀释尿，加重膀胱的负担而遗尿。

6. 遗尿与遗传——遗尿症患者中约有 30%～40%有家族史，经研究认为是多基因遗传，发生的概率由于种族、地域不同有一定差异。一般双亲遗尿患者孩子发生率为 77%，单亲遗尿患者孩子发生率为 44%，双亲均无遗尿史者孩子发生率仅 15%。

7. 遗尿与精神、心理及行为异常——突发精神刺激，如恐惧、惊吓、暴怒、悲伤、强大的心理压抑及行为异常、意识错乱等均可引起遗尿。这些因素又会成为孩子及成人持久的难治性遗尿的原因。

8. 遗尿与疾病——引起遗尿的疾病来自多个系统，有器质性、炎症性、代谢性和外伤性等，常见的有：

神经系统疾病：癫痫、脑病、脑肿瘤、脑血管病、多发性脑脊髓膜硬化症、脊髓的炎症及肿瘤、出血、脊膜膨出，腰骶椎隐裂等。

泌尿系统疾病：畸形(尿道狭窄、尿道口狭窄、尿道下裂、尿道瓣膜、膀胱颈梗阻及男性包皮、包茎等)、炎症(肾炎、肾盂肾炎、膀胱炎、尿道炎、龟头炎)、结石、肾功能损伤等。

其他疾病：如慢性腹泻、腹痛，久咳不愈的气管、肺部疾病；与代谢相关的异位垂体后叶、垂体及肾性尿崩症、糖尿病等；与血液有关的严重贫血、高血钙、低血钾等；与不良习惯有关的手淫、惰性；其他有睡眠呼吸障碍症、过敏症等。

9. 遗尿与脏腑功能——祖国医学认为遗尿与脏腑功能发育不完善有关，如膀胱发育延迟，功能薄弱，特别脾、肾、肺虚弱而引起。

肾为人体生命的根源，故称先天之本，肾藏精，主发育、生殖、生髓、通脑。肾与膀胱相表里，肾阳气足可温热膀胱、行气化水，膀胱固摄有权，开合有度；肾阳气虚则命门火衰，阴气极盛，故有“下焦竭则遗溺失禁；肾气虚则心肾交火，心躁易怒；肾气虚则骨不健，骨不生髓则脑不健，生长缓慢或胖而不壮，智力低而笨拙”。

脾虚遗尿。脾为后天之本，气血生华之源，脾阳健旺，自可制水，升清降浊。脾阳虚则胃蠕动减少，胃排空时间延长，致胃分泌值降低，唾液淀粉酶及胰淀粉酶减少，致胃纳不佳，水谷运化不良，气血生化无源而不能涵养先天之本，致肾虚膀胱虚而遗尿。

肺虚遗尿。肺主气，又为上水之源，具有宣通肃降的功能，如肺气虚则失宣降，水液运行泛滥致膀胱失约而自遗；如肺火上炎必然灼伤阴液致升腾之水不能下降，必致下焦炽热，导致大便干燥、膀胱湿热、小便短少，素有痰湿内蕴，入睡沉迷不醒，呼叫不应，常可遗尿。

肝经湿热遗尿。肝经湿热，火热内迫也致膀胱自遗。

☆尿床对儿童有哪些危害

危害一：尿床孩子智商低

世界卫生组织（WHO）调查发现，尿床儿童智商比普通儿童智商低 17％～23％。其理论依据：

3～10 岁是儿童大脑发育的关键期，是语言、认知、计算能力形成的重要阶段。中医认为肾藏精，精化气，气能化神，精气是人体生命活动的物质基础，长期遗尿者便会使这些精微之气丢失，使人缺精少神，力不从心。另大脑主技巧，中医所指的技巧即是西医所指的智力、智商，大脑能力高低、强弱其根本在于肾的精气旺盛与否，肾气盛则精力旺盛，肾气不足则缺精少神，智力低下。长期遗尿者，精气亏，大脑及神经系统功能发育延迟，因而智商低，表现为精神委靡，倦怠乏力，注意力不集中，记忆力差，反应慢，多动，沉睡，睡中难以叫醒。尤其学龄前及学龄期的儿童是语言、认知、计算能力开发的重要阶段，是心理塑型的最佳期，如果此期尿床得不到治疗，自然会影响孩子的学习及良好性格行为的培养。

危害二：尿床影响孩子生长发育

世界卫生组织调查发现，尿床影响儿童生长发育。而且日本的调查也证实尿床孩子比健康孩子身高平均低 2～5 厘米。

肾主骨，骨生髓，长期尿床的孩子会使原本虚亏的肾气不足加重，消散了人体的精微之气，使骨骼发育迟缓，个长不高。尿床儿童常有脾虚、脾胃不合，厌食挑食、营养物质吸收利用不够，也影响其发育。表现为消化液的分泌不足及内分泌功能降低，出现隐睾、睾丸不发育、小阴茎及小卵巢、小子宫，也有的表现月经来潮延迟或不规律等。

危害三：尿床孩子免疫力低，抗病能力差

尿床孩子总是比正常孩子更容易染上疾病，特别是呼吸道和泌尿系统疾病，有资料介绍尿床儿童的尿路感染发生率高达 5%。

祖国医学认为，由于遗尿削弱了儿童正气，降低了小儿免疫力，使之不能抗御疾病，因此易患感染性疾病，临床上也常见遗尿患儿易患感冒、扁桃体炎、咽炎等呼吸道疾病，尿路感染及肠道感染等。

危害四：尿床孩子脏腑功能虚弱

专家提示：肾水肿、肾衰竭，有时候没有特别的症状，只是不断尿床，应该引起重视。

祖国医学认为肾为先天之本，脾为后天之本，后天养先天，脾、胃功能虚弱，致营养不良不能固本，后天气血生化无源，不能补养先天而致肾虚弱。肾与膀胱相表里，肾气足，膀胱固摄有权，开合有度，而肾气不足，膀胱固摄能力降低而自遗。肺与肾相关联，肺虚久而及肾，肾虚久而及肺，肺、肾两虚终及遗尿。因此尿床则是脏腑功能虚弱的表现。又因长期尿床易致尿路感染，轻则无症状，继上行感染累及肾脏时会有肾功能衰竭的可能。

危害五：尿床孩子伴有不同程度的心理障碍

世界卫生组织国际尿控协会（ICS）专家认为：尿床是危害儿童身心健康的重要杀手。

心理专家指出，心理状态的显现是脏腑功能的外在表现，良好心理状态是健康儿童的天赋，天真无邪、无拘无束、快乐自信是小儿的主要特点，即使婴儿梦中发笑，笑中睡，笑而不醒正显现了小儿在梦中的幸福和欢乐，是健康心理的表现。同时人天生都有自尊，即使小儿一般也不会在大人及同伴面前示弱。但是，遗尿会扰乱小儿正常的心理和思绪，阻挠小儿欢乐喜悦的心情，给心理带来障碍。因尿床的痛苦及父母的责备或世俗的偏见而产生强大心理压力，无法自尊而产生羞愧自卑、内向孤僻、胆小恐惧、焦虑多疑、亦可产生自闭症、不自信，焦躁易怒、不合群，甚至有攻击行为，有的男孩会有暴力倾向，年长儿会与父母情绪对立，出现亲子关系紧张等。

危害六：尿床孩子成年后问题多

长期尿床不治疗会导致脏腑功能失调，进而影响到成年的健康状况，男性可发生少精、阳痿、早泄；女性排卵障碍、月经不调、更年期提前等，甚至会导致不孕不育症的发生。另外，儿时尿床得不到及时治疗会导致成年后社交能力差、孤僻难以与人交流，不易交朋友、更怕交异性朋友，甚至产生自闭倾向，严重的心理障碍，有的会发生精神抑郁症。

☆遗尿症对儿童生长发育的影响

对于遗尿症对一个人生长发育和智力的影响，并不像很多书本上讲的那样严重和明显，但确实应该引起患者、家长、医务工作者对于遗尿的危害引起足够的重视。

值得提醒的是：遗尿症对患者生长发育和智力的影响是间接的、隐蔽的、慢性的，也是渐进性的、深远的，很多小时候尿床的病人要到成人才表现出来，尤其是心理的成熟度和人格魅力方面。

尿床对小儿全身器官的影响更为明显，会导致儿童五液（尿液、汗液、津液、精液、血液）失常，五脏（心、肝、脾、肺、肾）失调，对心理、生理、身高、智力都有影响。具体表现在：

1. 胃肠系统：挑食、厌食、面黄肌瘦或虚胖、乏力、易饭前腹痛或受凉腹痛、易晕车、大便溏稀或干燥，直接影响机体的营养供应及吸收。

2. 大脑神经系统：睡眠昏沉、难以叫醒为遗尿病的突出表现特点，记忆力减退、反应迟钝、烦躁易怒、多梦咬牙、睡觉乱蹬乱翻、注意力不集中、好动或不能久坐、精神委靡等，直接影响大脑神经系统的功能及其发育，致使智商下降。据世界卫生组织调查显示：尿床孩子的智商比正常儿童低17%～23%。

3. 免疫系统：易感冒发烧，易患各种传染病，直接危害机体。

4. 皮肤关节：皮肤干燥、过敏、皮肤病、盗汗（夜间睡中出汗）、自汗（白天不自主出汗）、手脚易出汗、腰疼、腿软无力，甚或两腿的长短粗细有差异。

5. 心理方面：羞愧、自卑、内疚、胆怯或胆小、恐惧、焦虑，久而久之，引起人格变态，表现性格内向、孤僻、不合群、神经质或有暴力倾向等。

6. 发育状况：隐睾、隐裂、疝气、包茎、小阴茎、小子宫、囟门瘛合晚、走路晚、说话晚、身高体重差，严重危及生长发育，若错过治疗时机，将遗恨终生，还将累及后代。日本厚生省儿童治疗中心5年观察1270例尿床儿童，发现这些儿童的身高比正常儿童低2～5厘米。

7. 生殖功能：成年后，有可能男性少精、早泄、阳痿、不育等；女性月经不调、闭经、排卵障碍、更年期提前、不孕等，直接影响生育及性功能。

注意：不是每个小孩都会有上面的症状，往往是一个尿床的孩子有其中的一个或者多个症状，这些症状反过来又影响小孩尿床好转的速度，所以要引起家长和医生的重视。

☆遗尿症对儿童心理的影响

世界卫生组织国际尿失禁学会的专家认为，儿童遗尿症是儿童身心健康的重要杀手，因为它直接导致儿童缺乏自信心、处世能力差、焦虑、恐惧集体生活，个别严重者甚至出现难以与他人沟通、偏执、具有暴力倾向等精神障碍，对孩子的一生都将产生难以消除的影响。特别是现代社会中要求儿童越来越早地参加集体生活，很多孩子整托，进住宿学校，可以想象，尿床这种难以启齿的事情，将会给孩子的幼小心灵带来多么大的伤害。

一般来说，3岁以前的孩子，因为神经系统发育尚未完全成熟，记忆力比较模糊，羞耻心还不强烈，所以，即便尿床，对他的心理健康也不会造成严重影响。但是，3岁以后的孩子，如果依旧比较频繁的尿床，就必须引起家长们的重视了。如果通过检查排除了泌尿生殖系统畸形、糖尿病、尿崩症、肾小管疾病、神经系统疾病等器质性疾病，那么就可以诊断为遗尿症。因为这个时期的孩子除了生殖系统外各方面发育都已经接近成熟，如果仍旧不能控制夜间排尿，从中医讲是肾肺两虚、肾气不足和肝经湿热所致的膀胱失约，从西医的角度认为是由于神经系统对于膀胱的控制能力不完善，抗利尿激素分泌不充分造成的。所以，如不及时治疗，往往会造成顽疾。特别是5岁以后的孩子已经具有相当的记忆力了，如果依旧夜间尿床，并因此经常遭到家长的呵斥，同学、老师的讥笑，定会给孩子幼小的心灵造成严重的伤害。

☆孩子尿床是否需要治疗

据最新研究表明：尿床，从年龄上说，1～5岁的幼儿，一般属于生理现象，家长不用担心，6岁以上的儿童，晚上尿床才属于遗尿症，应该早发现早治疗。治疗的最佳时间，应该在10岁以前。如果超过10岁，小孩心理不同程度受到影响，影响孩子人格全面发展，自卑感加重，感到事事不如人。对以后生活，学习，工作造成不必要的影响。以后很难恢复。不仅如此，孩子心理受到损害，天天晚上害怕尿床不敢睡觉。久而久之思想压力大，大脑视丘下部感情中枢受到抑制。进而影响脑垂体功能，分泌抗利尿激素减少，使尿量增多，尿床症状加重。

如果从生长角度来说：6岁以后的小孩各脏腑功能逐渐完善，尿床症状逐渐消失，如果每周有2～3次尿床，而且2～3年变化不大，就应该治疗；如果一年比一年减轻，每年的同一季节，今年是前半夜尿一次，明年是隔三差五尿一次，后年是一个月尿1～2次的小孩，只要不加重，不用治疗过两年就好了。

如果随年龄增长，尿床变化不明显的，一定要提高警惕，一定要及早治疗。如果孩子夏季不尿床，秋冬季又尿床的儿童，千万不要掉以轻心，要及时治疗。特别是挑食、饭量小、发育迟缓或是出生时有早产、脑缺氧、脑水肿、脑发育不全的尿床儿童，更应该及早治疗。

如果12岁以上青少年还尿床，不论是一周尿1～2次，还是一个月2～3次，也必须治疗，尤其以每晚必须叫起夜1～3次，不叫就尿床或叫不对点就尿床的，千万不要麻痹大意，这种情况是“等”不好的，一定要治疗。有的到了16～21岁还有尿床现象，在临床上非常多见，这种情况更应该积极治疗，千万不要麻痹大意。尿床男孩6～21岁多见，女孩6～25岁多见。以上情况希望家长做些了解，以便及早发现及早治疗，以免误了孩子一生幸福。

☆对患遗尿症的孩子不能打骂

不能打骂的原因之一：遗尿是儿童在睡眠之中不能自控排尿所引起的，他(她)们并不是有意识要尿在床上。这种现象，如果家长给予较早的关注及正确的训练、指导会促进自愈，即使因疾病或其他原因引起的遗尿，只要积极治疗遗尿也会康复，打骂责备无助于问题的解决。

不能打骂的原因之二：使遗尿的孩子不仅承受肉体的痛苦，如潮湿对皮肤的刺激，难闻的臊味刺激，而且因遗尿心理上自感不光彩，无形的心理压力，使孩子忐忑不安。如果此时的家长给予爱的安慰和正确指导，孩子会伴随着治疗而很快康复。如家长满脸怒气，骂声连连，甚至打孩子，在外人面前羞辱他，这种强烈的精神刺激伤害孩子自尊，还伤及大脑对机体脏腑系统、器官的支配功能而发生紊乱，无疑是雪上加霜，只能加重遗尿，因此对遗尿的孩子不能嘲讽、斥责，呼吁家长、学校、社会都应给予关爱、理解和帮助。

☆对遗尿患儿的家庭护理

遗尿患儿长期处在家庭和学校社会之中，只有正确的家庭护理，才能巩固治疗效果，防止疾病复发，所以遗尿尿床患者的家庭护理显得更为重要。

1. 病情观察

(1)充分了解遗尿患者发作特征，如时间、诱因、先兆等。

(2)严密观察发作时诱因，主要观察是否白天过度兴奋，玩要是否太疲劳或者受到了惊吓，还是突然入托、搬家、转学、家中变故等。

2. 服药护理

(1)家长要督促检查小儿患者按时按量、准确无误服药，防止少服、漏服和多服。

(2)家长不可随便更换药物和剂量，无论是增加还是减少以及更换药物的品种，均应在医生指导下进行。

(3)应坚持较长时间的治疗，尿床完全控制后，才能考虑逐渐停药，切忌短期或突然停药，病程越长，剂量越大，停药越要缓慢。

3. 生活护理

(1)小儿患者应建立良好的生活制度和规律，可适当从事一些不要太刺激的娱乐，但避免劳累、紧张等。

(2)饮食上给予营养和容易消化的食物，多食清淡，不要过咸，少吃甜食和含高蛋白饮料。临睡前尽量少喝水和饮料，但也不能不吃这些食物，可以选择白天，家长还要嘱咐和提醒孩子夜间起床排尿。

4. 心理护理

尿床是一种慢性病，再加上患者一大部分又是小儿，躯体痛苦，自尊心会受到伤害，社会的偏见，严重影响小儿患者的身心健康，患者常会感到紧张、焦虑、害怕、羞耻、情绪不稳等，每天晚上担心发病，作为家长应给予关心、帮助、爱护，针对他们的思想给予疏导，使其有一个良好的有爱心的生活环境。

☆孩子尿床的处理方法

1. 睡前采取措施：睡觉前让孩子排尿，避免喝大量的液体。

2. 利用尿床警报器：如果孩子已经七八岁了还是尿床，这时应该使用尿床警报器，当警报器探测到尿液时，即开始报警。因此，孩子就会醒来排尿。这种警报器在多数药店都可买到，价值是150多元。其有效率为60％～90％。但当用上一段时间后，停止使用时，有些儿童可能又会复发尿床。

3. 物质奖励法：当孩子不用叫晚上不尿床时，可以给予适当的物质奖励或者让孩子自己做记号，比如用一张纸画好表格做上标记，让孩子填写，用来增加孩子的信心，但不能给予孩子压力，不然会适得其反。

4. 让孩子自己换床单或铺床：鼓励孩子自己更换床单，这不仅让孩子有责任感，同时也会避免让家庭成员知道后的尴尬。但如果家庭成员中其他人都不做这种家务活，这时他会认为这是一种对他的惩罚，则不应让他做。

5. 做膀胱撑大锻炼：让孩子在白天逐渐延长两次排尿之间的间隔时间。有尿后有意识地多憋一会儿尿，以使膀胱慢慢撑大。这种训练最好在医生指导下，由家长监督实施。

6. 闹钟提醒法：根据患者尿床时间定上表铃，到时及时叫醒患者，根据尿量多少，逐渐向后推迟时间，直至早晨起床，不再提醒，不再尿床为止，这种方法方便易行但需要有耐心才行，持之以恒会有好的效果的。

当以上六种方法均不能奏效时，应采取药物疗法。

☆让宝宝告别尿床烦恼的十个妙招

1. 从饮食方面进行调整：每天下午 4 点后让小儿少喝水，晚饭最好避免吃流质或喝很多汤，餐后水果也不宜吃西瓜、橘子、生梨等水分丰富的水果，临睡前不宜喝奶，以减少膀胱的贮尿量。

2. 养成睡前排尿的习惯：每天睡前 2 个小时，不要再让小儿喝饮料或水，养成睡前把尿排净的习惯。如果在临睡之前给小儿洗个澡，令小儿舒适入睡也可以减少尿床。

3. 睡前别让小儿太兴奋：每天让小儿按时睡眠，睡前不宜过于逗弄，不宜做剧烈活动或太兴奋的游戏，不宜看刺激性影视片，以免大脑过度兴奋，促发夜里尿床。

4. 白天别让小儿太疲劳：起居生活要规律，白天避免过度疲劳和精神紧张，最好能睡个午觉，以免过于疲劳，夜里睡得太沉，有尿时不容易醒来，也不容易被父母唤醒。

5. 训练宝宝的膀胱功能：督促小儿白天多饮水，并尽量延长两次排尿的间隔时间，促使尿量增多，训练小儿适当地憋尿，提高膀胱控制力。当小儿撒尿时鼓励时断时续，然后再把尿撒尽，提高膀胱括约肌的控制能力。

6. 建立夜里排尿的反射：治疗初期，父母要查出孩子在夜里容易发生尿床的时间，并提前半小时用闹钟唤醒小儿起床排尿，使唤醒的铃声与膀胱的充盈刺激同时出现。经过一段时间训练，条件反射就会建立起来，夜里小儿能够被膀胱的充盈刺激唤醒，自行控制排尿。需要提醒的是，唤醒小儿起来撒尿一定要让其醒透，在清醒的情况下把尿排净，否则在昏睡中不容易建立起排尿条件反射。

7. 小儿尿床，多些宽容：尿床后会使小儿害羞，畏缩，自卑。如果父母不顾及小儿的自尊心，采用打骂、威胁、惩罚的手段，会使小儿更加紧张、委屈和忧郁，经常处于诚惶诚恐中，会导致症状加重。父母应以亲切的态度对待孩子，使孩子消除紧张情绪，放松心理，能与医生积极配合。专家指出，对待尿床的孩子，只能在安慰及鼓励的情况下进行治疗，这一点非常重要，是治疗成败的先决条件。

8. 努力找出尿床的因素：从治疗第一天起设置生活日程表，当小儿尿床时，努力找出可能导致尿床的因素，并用日历每天记录，如未按时睡眠，睡前过于兴奋，白天过于激动或晚餐液体摄入量太多等，以控制小儿尿床的因素。

9. 治疗潜在的相关疾病：如果宝宝存在夜间抗利尿激素分泌不足的情况，在医生的指导下应用抗利尿激素药物进行治疗，改善尿床症状。

10. 积极配合医生的治疗：氯丙咪嗪可使膀胱容量扩大，并刺激大脑皮层使小儿夜里容易醒来，起床排尿。必要时在医生指导下服用氯丙咪嗪，每天临睡前服用一次，剂量遵从医嘱，一般在见效后持续服药 3 个月。然后，再用同样剂量每两天睡前服用一次，持续 3 个月，总疗程共 6 个月。

☆家长对待孩子尿床治疗的几个误区

1. 尿床会自愈不需要治疗

孩子 3 岁后的尿床医学上可以定义为遗尿症，而有些家长却拖到 6～7 岁，甚至到十几岁时才带孩子去看医生。统计表明 12 岁以上尿床发生率高 0.5%～1.0%，这个足以说明很多的尿床患者没能自愈。临床证实，晚治疗不但会错过最佳治疗时机，还会加大治疗难度，增加治疗费用，所以越早治疗越好。医院求诊的病人中成年人占了近 30%更说明这个问题的严重性。

2. 病急乱用药

受广告误导自行从药店购药，甚至乱用土方、秘方，白花钱倒是小事，重要的是不但延误了最佳治疗时机，而且乱用药物还可能对患者的身体造成很大的影响。要知道每个尿床孩子的原因是不同的，有肾虚、肾脾两虚、膀胱容量太小、尿液产生太多等不同的原因，所以一种药、一个食疗方案、一个土方等仅仅是适合一部分的病人，所以家长必须带小孩去看医生，让医生来决定什么药适合于你的小孩。

3. 治病求急、求快

导致孩子尿床的原因中医来讲是肾气不足、肾肺两虚、肝经湿热、下元虚寒等所致的膀胱失约；西医认为是中枢神经发育迟缓导致排尿信号无法准确、及时地传递到大脑，或同时伴有夜间大脑分泌抗利尿激素减少等原因。因为均系功能性调理治疗，所以彻底的治愈需要一定的时间，而很多家长治疗求急、求快，反而欲速则不达，导致反复发作。治疗遗尿症在小儿一般是要 1.5～3 个月，成年人治疗在半年左右。

4. 治疗中忽视尿床患儿的心理活动

尿床儿童表面上是满不在乎，其实心理压力还是蛮大的，小孩子的好动、固执、注意力不集中、脾气急躁、破坏性动作、晚上磨牙、梦话多、异食症、咬指甲等就是心理压力的外在表现。其实如果小孩晚上不尿床，早上那股轻松劲就能说明一切。即使在幼儿期，多次斥责也会使孩子已经非常内疚的心灵备感压力，因此，不要给孩子灌输劣等感的想法，不要给孩子带来很大的精神负担，过分刺激孩子敏感的神经，导致情绪不稳，反倒成为自然发育的障碍了。所以父母、家庭、学校、社会的理解非常重要，要尊重孩子的隐私，给孩子一些自尊。同时，要求治疗尿床的专科医生必须有一定的心理学知识。

5. 治疗中单纯依靠药物

治疗遗尿症不能单纯依靠药物，除了上面讲到的心理方面的辅导外，膀胱训练、饮食结构调整、体育锻炼、生活规律调整等都可以起到明显的辅助作用，有些病人甚至起着决定性的作用，所以必须在医生的指导下进行以上各项措施的执行。做到综合的治疗，以达到最佳的治疗效果。

☆夏天是治疗尿床的最佳时间

夏天是治疗尿床的最佳时间，但有些父母认为夏天孩子尿床轻了，可能过一段就好了，其实这是一个误区。

夏天治疗尿床的效果优于其他季节，尤其对冬季高发的尿床、尿急、尿频，夏季是治疗的最佳时机。由于气候炎热，许多泌尿系统和神经系统的冬季多发病在夏季处于间歇期，在冬季凸现的症状夏季会减轻或者暂时消失，但随着季节的转换，它们还会卷土重来。因此万万不能认为夏天情况好转而放松治疗，应该抓住时机，在高发季节之前做好治疗预防。中医传统理论表明："攻其弱而治之，轻者可去其根，重者则获功倍。"

夏天是人生理机能最为活跃的季节，此时人的精力充沛，免疫力提高，抵御疾病的能力增强。由于皮肤水分蒸发量大，每天睡眠时间相对较短，因而尿床的症状表现减轻，这并不是自愈的象征。劝告遗尿患儿的父母不要因天气的变化和尿床症状的减轻就动摇了治疗的决心，应抓住最佳治疗时机，为孩子治好遗尿。

☆遗尿症的现代西医西药治疗方法

1. 药物治疗

本病轻者可随年龄增长而自愈，不需进行特殊治疗。病情严重的可用三环类抗抑郁药，常用丙咪嗪，有效治疗剂量为1～2.5毫克/千克体重。氧酯醒(遗尿丁)0.1克，每日2～3次或睡前服1次，对部分患儿有效。

2. 行为疗法

治疗遗尿症采用较多的是间断强化法。方法如下：嘱患儿睡在一特制床单上，床单内放置两个电极，电极的另一端分别与电铃及电源连接，患儿遗尿时可使电路接通；电铃响声可唤醒患儿或父母。若患儿未醒，父母应唤醒嘱其排尿。多次应用后可建立条件反射，一旦膀胱充盈，患儿能自动清醒并排尿。

☆遗尿症的中医中药分型辨证治疗法

1. 肾气不足

睡中遗尿，尿量多，尿色清，熟睡，不易叫醒，面色淡白，精神不振，形寒肢冷。舌质淡，苔白，脉沉迟无力。

治法：温补肾阳，固脬缩泉。

方药：巩堤丸加减，菟丝子、五味子、益智仁、补骨脂、家韭子、茯苓、山茱萸各6～12克。水煎服，每日1剂。

2. 脾肺气虚

睡中遗尿，尿频而量多，面色无华，神疲乏力，食欲缺乏，大便溏薄。舌偏淡，脉缓细。

治法：补益肺脾，固涩小便。

方药：补中益气汤合缩泉丸：太子参、黄芪、白术各12克，甘草、陈皮、当归、升麻、柴胡各3～7克。水煎服，每日1剂。

3. 肝经湿热

睡中遗尿，尿频量少，性情急躁，手足心热，唇红而干。舌质红，苔黄，脉弦滑。

治法：清肝泄热，缓急止遗。

方药：龙胆泻肝汤加减：龙胆草3～7克，黄芩、栀子、木通、车前子、泽泻、柴胡、生地、当归、甘草各7克。水煎服，每日1剂。

☆遗尿症的中成药单方验方治疗法

1. 中成药

(1)五子衍宗丸:大蜜丸每次 1 丸,小蜜丸每次 9 克,每日 2 次。用于肾气不固证。

(2)龙胆泻肝丸:每次 3～6 克,每日 2 次。用于肝经郁热证。

2. 经验方

(1)桑螵蛸、金樱子、黄芪、益智仁、茯苓、泽泻,升麻、党参、覆盆子各 10 克。每日 1 剂,水煎服,每日 3～4 次。用于脾肺气虚证。

(2)五倍子 3 克,研末,温开水调敷于脐部,外用纱布覆盖,每晚 1 次,连用 3～5 次。

(3)乌梅 7 克,蚕茧 20 只,煎服,酌加白糖,每日下午 4 时前服完,连服 10 天。

☆遗尿症的各种中医穴位疗法

1. 针刺穴位疗法

主穴取肾俞、关元、膀胱俞、中极,配穴取三焦俞、委中、委阳、三阴交、阳陵泉。每次各选 1～2 穴。睡眠较深者,加神门、心俞,面色皖白少华、自汗者,加肺俞、尺泽。

2. 推拿疗法

揉丹田 200 次,摩腹 20 分钟,揉龟尾 30 次。较大儿童可用擦法,横擦肾俞、八髎,以热为度。

3. 耳压疗法

取耳穴肾、心、膀胱、皮质下、骶椎、脑点、兴奋点,食欲缺乏者加脾;尿路感染者加内分泌;尿频者加尿道;因睡眠过深、大脑自控功能失调者加耳尖。将王不留行子用胶布贴于所取穴位上,用手指按压，使患者感到酸、热、胀、痛感。两耳交替贴压，5 天换 1 次，4 次为 1 个疗程。

4. 激光疗法

取穴关元、气海、百会、足三里、三阴交，以 1.5～2.0 毫瓦的氦-氖激光照射，每穴照 1～2 分钟，每日或隔日 1 次，6～10 次为 1 个疗程，连用 2～3 个疗程。用于肾气不固与脾肺气虚证遗尿。

5. 捏脊疗法

患儿俯卧，医者两手半握拳，两食指抵于背脊之上，再以两手拇指伸向食指前方，合力夹住肌肉提起，而后食指向前，拇指向后退，做翻卷动作，两手同时向前移动，自长强穴起，一直捏到大椎穴即可，如此反复 5 次。在捏第 3 次时，每捏 3 把，将皮肤提起 1 次，称之为“三捏一提”，每日 1 次，连续 6 天为 1 疗程，休息 1 天，再做第 2 疗程。

6. 艾灸疗法

关元、中极、照海、百会、列缺。下元虚寒者加命门、肾俞、气海，肺脾气虚者加足三里、膀胱俞、气海，肝经湿热者加太冲、行间、肝俞。

方法：①艾条悬灸，每次选用 3～5 个穴位，每穴每次灸治10～15 分钟，每日灸治 1 次，10 次为 1 个疗程；②温针灸，每次选用3～5 个穴位，每穴每次施灸 15 分钟，每日灸治 1 次，7 次为 1 个疗程；③艾炷隔姜灸，每次选用 3～5 个穴位，每穴每次灸治 3～7 壮，每日灸治 1 次，10 次为 1 个疗程；④桑螵蛸敷灸，取桑螵蛸 10～15 克，研为细末，加入葱白 7 根，捣烂，敷于中极、关元、气海峰穴上，上盖纱布，胶布固定。3 天换药 1 次，3 次为一个疗程。

7. 足底反射区按摩疗法

选取肾、输尿管，膀胱、前列腺、子宫或尿道反射区，每个反射区分别按摩 3～4 分钟，每日 1～2 次。

8. 拔罐疗法

(1)取穴:①大椎、肾俞、膀胱俞;②身柱、八髎、关元。以上两组穴位,每次选用一组。先将所选穴位进行常规消毒,每穴用三棱针点刺 3～5 下或用梅花针叩刺 2～3 下,以局部微见出血为度,然后立即在点刺部位拔罐,留罐 5～10 分钟,每次拔出血量 1～3 毫升。隔日治疗 1 次,6 次为一个疗程。

(2)腰骶部:患儿俯卧位,暴露腰骶部,先在腰骶部涂上适量的润滑油,选择大小适宜的火罐,用闪火法将罐拔于腰骶部,然后在腰骶部沿着膀胱经和督脉轻轻地来回走罐,至皮肤出现红色瘀斑为止。取罐后擦净皮肤上的油迹。每周治疗 1 次,5 次为一个疗程。

9. 耳穴疗法

①下元虚寒:膀胱、支点、枕、遗尿点、皮质下、肾、心、肢运中枢;②脾肺气虚:膀胱、支点、枕、遗尿点、脾、肺、兴奋点、脑点;③肝经湿热:膀胱、支点、枕、遗尿点、肝、胰胆、耳尖、肝阳(放血)。大脑发育不全者加额;痰多嗜睡者加三焦、胰、胆;睡眠过深、呼之不醒者加缘中、耳尖;外阴受刺激而遗尿者加外生殖器;久病不瘉、营养不良者加脾、膀胱;久治无效者加缘中、耳背肾;有家族史者加耳尖、枕、缘中。

王不留行子耳穴按压法,实证可配合放血疗法,每日更换 1 次,5 次为一个疗程。

10. 敷药疗法

(1)吴茱萸、肉桂各等份。气海、足三里、命门、肾俞、三阴交、关元。上药研末,密封备用。用时以酒调药末做成如花生米大的药丸,第一次贴于气海、足三里、命门,第二次贴余穴。每天 1 次,轮换使用 5 天为一个疗程,休息两天再进行第二个疗程,一般进行 3 个疗程即可。本法适用于小儿遗尿。

(2)麝香 0.3 克,蜡酥 0.5 克,桂枝、麻黄、雄黄、没药、乳香各 5 克。主穴:内关、气海、中极、三阴交;配穴:肾前、膀胱俞、夏溜。

上药研末，用酒精调为膏状，取适量贴于上述主穴、配穴各 2 个，3～4 天换药 1 次。余穴轮换使用，3 次为一个疗程。本法适用于小儿遗尿。

11. 敷脐疗法

(1)赤石脂 30 克，附片 30 克。将上药混合共碾为细末，装瓶备用。用时取药末 10 克，以温开水调如泥状，敷于患者脐孔，外盖纱布，胶布固定。每天换药 1 次，10 次为一个疗程。

(2)丁香 1 份，肉桂 3 份，黄酒适量。前 2 味药混合后共研为细末，贮瓶备用。用时取药末 10 克，以黄酒调和成膏状，敷于患者脐孔，盖以纱布，胶布固定。每 2 天换药 1 次，5 次为一个疗程。

(3)肉桂 30 克，益智仁 30 克，丁香 1 克，黄酒适量。前 3 味药共碾成细末，以黄酒调和成膏状，贮瓶密封备用。用时取药膏适量，填满患者脐孔，盖以纱布，胶布固定。每 3 天换药 1 次，5 次为一个疗程。

12. 按摩疗法

(1)仰卧，用拇指用力按揉双下肢的三阴交穴，要有强烈的酸胀感，并保持 1 分钟。

(2)用三指拿法或五指拿法，在前正中线上提拿肚脐至耻骨联合处一线的小腹部筋肉。拿住后提起，放下，如此自上而下反复操作 10 遍。

(3)用手掌贴在其小腹部微逆时针方向的环旋摩动 10 分钟，手法宜轻柔缓慢，患者小腹部有温热的感觉。

(4)用小鱼际在其两侧小腹由外上向内下方向用力做来回摩擦，以皮肤微红发热并有热感深透为度。

(5)俯卧，用一手掌在其腰部做横向的来回摩擦，以皮肤微红发热并有热感深透为佳。再用小鱼际摩擦其两足底的涌泉穴，均以温热为度。

☆遗尿症的按摩双耳疗法

每晚临睡前给宝宝按摩双耳5～10分钟，也可以起到补肾的作用。中医认为“耳”是“肾”的外部表现，“耳坚者肾坚，耳薄不坚者肾脆”，耳郭较长，耳垂组织丰满，在一定程度上反映了肾气盛健。所以经常按摩双耳，可以起到健肾壮腰的作用，并能增强宝宝的体质。具体的方法是：

1. 提拉耳尖法：用拇指、食指捏住耳上部，先揉捏此处，然后再往上提揪，直至该处充血发热，每次15～20次。此处的穴位是盆腔、内外生殖器、足部、踝、膝、胯关节等部位的反射区。

2. 按摩耳轮法：以拇指、食指沿耳轮上下来回按压、揉捏耳轮，使之发热发烫，然后向外拉耳朵15～20次，耳轮处的穴位主要是颈椎、腰椎、胸椎、腰骶椎、肩、肘等部位的反射区。

3. 下拉耳垂法：先将耳垂揉捏、搓热，然后再向下拉耳垂15～20次。耳垂处的穴位是头、额、眼、舌、牙、面颊等部位的反射区。

4. 按压耳窝：先按压外耳道开口边的凹陷处，此处对应心、肺、气管等部位，按压15～20下，使之明显发热、发烫。然后再按压上边凹陷处，此处对应脾、胃、肝、胆、大肠、小肠、肾、膀胱等部位，来回摩擦按压15～20次。按摩治疗需要家长有充分的耐心，几个月后您一定会看到宝宝的身体慢慢强壮起来的。

☆遗尿症的食疗法

1. 患有遗尿症、肾炎及哮喘的宝宝，在冬天吃一些胎盘粉能起到很好的治疗作用。每晚临睡前给宝宝吃3克胎盘粉(一啤酒瓶盖的胎盘粉是6克)，坚持一个冬天，宝宝的抵抗力会明显增强。

具体的制作方法如下:(1)首先要选一个好些的胎盘,也就是要选一个身体健康、没有传染病的产妇的胎盘。此外,胎盘一定要新鲜,腐烂变质的不能食用。(2)拿回家后一定要清洗干净,然后切成小块,摊在微波炉盘子的四周,中间的地方空出来(因为微波炉中间的热力较大,容易烤焦胎盘)。选最小火,几分钟后打开微波炉,把胎盘渗出的液体倒掉,然后再加热几分钟,这样反复多次,直到胎盘的肉质干硬。冷却后放入粉碎机里打碎,装瓶待用。胎盘,中医上称紫河车,性温,归肺、肝、肾经,具有温肾、益精、补气、补血的功效。现代医学研究发现,胎盘含有丰富的免疫球蛋白,能增强机体的免疫力及抗病能力。由于胎盘属温性,如果宝宝吃了有上火的症状,喝些苹果水可以消内热而不泻火。方法是:取 1/4 的苹果,去皮切成片,加水在锅中煮 5 分钟即可。

2. 红枣 3 粒、白果 3 粒、枸杞子 3 粒,加水在锅中煮 10 分钟,每晚临睡前连食物和汤一起给宝宝吃下,坚持一个冬天,宝宝的遗尿症会有明显的改善。红枣性温,益气补血、健脾和胃;白果性平,温肺益气、定咳喘、缩小便、固肾气;枸杞子滋肝肾、补精气、坚筋骨,三者合用能起到补气血、补肾固肾的作用,此方适合 3 岁以上的孩子食用。如果宝宝吃后有上火症状,同样可以喝苹果水来消内热。

3. 烤金钱橘:金钱橘 49 个。将金钱橘(又名金柑)晾 49 天,防止腐烂。将其置于火旁或烤箱内,烤至干燥,切碎,研为粉末,备用。每次服 6 克,每天 2 次,早晚分服,白开水送下。本方具有健脾散寒的作用,可用于下焦虚寒所致的小儿遗尿症,屡获良效。

4. 芪地鸡粥:黄母鸡 1 只,黄芪 30 克,熟地 50 克,粳米 100 克,精盐、味精、韭菜各少许。将母鸡宰杀,开水泡后拔毛,剖腹去内脏,入沸水中焯去血水。黄芪、熟地用 2~3 层纱布包好,粳米淘洗干净。取沙锅容量适宜者 1 个,加水适量,放入鸡及药包,置大火上煮沸,改小火炖煮 2 小时左右。待鸡肉烂熟后,取出药包不用，并去掉鸡骨，加入粳米，复置火上炖煮，令粳米烂熟成粥，加精盐、味精、韭菜拌匀，再稍煮即可。食粥及肉，随意食之。本方具有补脾益气、补肺气、调水道的作用，可用于肺脾气虚所致的小儿遗尿症。

如果宝宝遗尿的同时还伴有手脚冰凉、面色苍白、舌质淡、舌苔白的情况，那在食疗的同时，家长还可以用艾条熏穴位的方法来配合治疗。取青艾条一根，点燃后在宝宝的肚脐和肚脐以下的部位来回慢慢移动。艾条要距离宝宝的皮肤 1 厘米远，并及时弹掉艾条上的烟灰，以免烫伤宝宝。熏 5～10 分钟使皮肤产生温热的感觉，然后再到肚脐部位对应的背部脊柱及两旁（肾的穴位）来回慢慢熏 5～10 分钟，产生温热的感觉即可。每天给宝宝熏一次，能起到很好的补气、补肾、祛肾寒的作用。

有遗尿的宝宝身体都比较虚弱，家长在运用以上方法治病的同时，还要注意不能让宝宝玩得太疯，因为过度疲劳也会造成遗尿。

☆遗尿症儿童的饮食禁忌

1. 牛奶、巧克力、柑、橘。美国学者对小儿遗尿的原因进行了深入研究后提出，饮食中的牛奶、巧克力和柑橘类水果过量，是造成小儿夜间遗尿的主要原因，其中牛奶过量造成的遗尿达 60%。只要停止进食上述食物，遗尿现象就会消失。主要原因是这些食物在小儿体内可以产生变态反应，使膀胱膨胀，容量减少，并能促进平滑肌变得粗糙，产生痉挛。同时，这一变态反应也引起小儿睡得过深，在有尿时不能及时醒来，导致遗尿。

2. 辛辣、刺激性食物。由于小儿神经系统发育尚未成熟，若食用这类食物，可使大脑皮质的功能失调，易发生遗尿。因此，家长在膳食中要特别注意，避免让孩子食用辛辣、刺激性的食物。

3. 多盐、糖和生冷食物。多盐多糖皆可引起多饭多尿，生冷食物可削弱脾胃功能，对肾无益，故应禁忌。一些大寒的食物如荞麦、薏苡仁、绿豆、螃蟹、蜗牛、田螺、螺蛳、蚌肉、乌鱼、柿子、柚子、香蕉、猕猴桃、甘蔗、西瓜、甜瓜、苦瓜、荸荠、慈姑、蕹菜、山楂、菊花、萝卜、金橘等，宝宝在冬季都应少吃或不吃。

4. 玉米。玉米甘淡，利尿作用明显，食用可加重遗尿现象，应忌食。

5. 薏仁。薏仁甘淡，利尿作用较强，多食可以加重遗尿症患儿的病情，应忌食。

6. 赤小豆。赤小豆，通过水道，有较强的利尿作用，应忌食。

7. 鲤鱼。鲤鱼，通利小便，阳虚遗尿患儿食用会加重病情，应忌食。

8. 西瓜。西瓜味甘，利尿，食后可加重遗尿患儿的病情，应少食忌食。

☆遗尿症的药茶疗法

1. 桑螵蛸茶：桑螵蛸 10 个，红糖 15 克。将桑螵蛸焙黄，研为细末，每次取 6 克，加入红糖，用开水冲每日 1 次，连服 15 天。本方具有补肾固涩的作用。适用于小儿遗尿，症见身体瘦弱，神疲乏力，肢凉怕冷，易患风寒感冒等。

2. 韭菜根茶：韭菜根 25 克。将韭菜根洗净后，用干净纱布包好，挤取汁液，煮开温服，每日服 1～2 次，连服 10 天。本方具有温中行气、壮阳的作用。主治小儿遗尿，脾肾阳虚，夜尿多，尿床，小便清白，畏寒肢冷，面色苍白等症。

3. 蛋茶：茶叶 8 克，食盐 3 克，鸡蛋 10 枚。将茶叶、鸡蛋同放锅内，加水煎煮约 8 分钟，将蛋壳击破，加盐再煮 10～15 分钟，取蛋去皮食用。每天用鸡蛋蘸酱油食 2 枚，连食 5～10 天。本方具有补肾壮骨的作用。适用于小儿夜尿、腰膗酸痛。